Die Vision des Mönchs Johannes von Lüttich

Beihefte zur
MEDIAEVISTIK

Monographien, Editionen, Sammelbände

Herausgegeben von Peter Dinzelbacher
und Romedio Schmitz-Esser

Band 27

PETER LANG

Rachel Gellert

Die Vision des Mönchs Johannes von Lüttich

Kritische Edition mit Übersetzung und Kommentar

PETER LANG

Bibliografische Information der Deutschen Nationalbibliothek
Die Deutsche Nationalbibliothek verzeichnet diese Publikation
in der Deutschen Nationalbibliografie; detaillierte bibliografische
Daten sind im Internet über http://dnb.d-nb.de abrufbar.

Umschlagabbildung:
Der Ausschnitt aus einem Legendarium aus dem Jahre 1480
des Klosters St. Laurentius, Lüttich, stellt den Beginn des Visionsberichtes mit der
Initiale „I" dar. Der Text ist in gotischer Textuale auf Pergament geschrieben.
Mit freundlicher Genehmigung der Bibliothèque Royale de Belgique.

ISSN 1617-657X
ISBN 978-3-631-84129-7 (Print)
E-ISBN 978-3-631-84789-3 (E-PDF)
E-ISBN 978-3-631-84790-9 (EPUB)
E-ISBN 978-3-631-84791-6 (MOBI)
DOI 10.3726/b18063

© Peter Lang GmbH
Internationaler Verlag der Wissenschaften
Berlin 2021
Alle Rechte vorbehalten.

Peter Lang – Berlin · Bern · Bruxelles · New York ·
Oxford · Warszawa · Wien

Diese Publikation wurde begutachtet.

www.peterlang.com

Für meinen verstorbenen Mann Yakov-Miklós
in Liebe und Dankbarkeit

Danksagung und *in memoriam*

Mein aufrichtiger, herzlicher Dank geht an die Herren Professoren Peter Dinzelbacher und Guy Philippart de Foy, die die vorliegende Arbeit wohlwollend und mit erfahrenem Rat mitverfolgten; für Fehler trage ich die alleinige Verantwortung.

In memoriam an meinen hochverehrten Lehrer, Herrn Professor Ze'ev Rubin sowie an Herrn Professor Fritz Wagner, der mir immer bereitwilligst die Schätze seines Instituts für Mittellateinische Philologie, FU Berlin, zur Verfügung stellte.

Inhalt

I. Einführung

Die vorliegende Arbeit beruht auf einer Dissertation und präsentiert den Text der Vision einer Jenseitsreise, die etwa Mitte des 12. Jhds. von dem Mönch und Priester Johannes von Lüttich geschaut und später von dem Schriftsteller Reiner von Lüttich zu einem Visionsbericht bearbeitet wurde. Dieser Text wird hier in einer kritischen Ausgabe, begleitet von einer Übersetzung und ausführlichen Anmerkungen vorgelegt.

Das 12. Jhd. ist das Jahrhundert der „großen" Jenseitsreisen wie z. B. u. a. der Vision Alberichs, Gottschalks, Tundals. Dies sind in epischer Breite geschilderte Berichte von Wanderungen der Seele eines Visionärs durch die Räume der jenseitigen Welt, d. h. Fegefeuer, Himmel und Hölle, wie man sie sich in dieser Epoche vorstellte.

Außer in dem ebenfalls aus dem 12. Jhd. stammenden Bericht der Jenseitsreise des Ritters Owe[i]n, der aus eigener Initiative und bei klarem Bewusstsein die schmerzhaften Erlebnisse im Fegefeuer auf sich nehmen will, um sich schon zu Lebzeiten von seinen Sünden zu reinigen, sind die relevanten Visionen darauf angelegt, die Christgläubigen einschließlich des Visionärs selbst durch die äußerst anschaulichen, zur Warnung dienenden Schilderungen des Schicksals der Sünder im jenseitigen Leben zur Besserung ihres Lebenswandels zu bewegen.

Diesen „großen" Visionen des 12. Jhds. nun steht die Vision des Mönchs Johannes aus dem Kloster St. Laurentius in Lüttich gegenüber, die hinsichtlich ihres geringen Umfanges und der sparsamen Verwendung von Stilmitteln im Vergleich zu den anderen Vertretern dieser Epoche leicht die Bezeichnung Miniatur verdiente.

In der Vision Johannes' nimmt die Schilderung der Jenseitsorte nur den geringeren Teil des Visionsberichtes ein. Den insgesamt größten Anteil des Berichtes bildet die Vorstufe der Vision, die zum Besuch im Jenseits überleitet, des Weiteren eine Exempelgeschichte, die der Visionär von undefinierter Seite her vernimmt, eine Schachtelvision, die der Visionär als zweite Station der Jenseitsreise erlebt sowie die ausführliche Schilderung Johannes' postvisionären Zustandes als Abschluss des vorliegenden Werkes.

Inhaltlich gliedert sich die Vision in zwei Hauptteile, von denen jeder jeweils von einem Heiligen dominiert wird, der den Visionär auf seinem Besuch führt. Während im ersten Visionsteil der Hl. Laurentius, Patron des Klosters gleichen Namens, die Rolle des himmlischen Begleiters innehat, wird sie im zweiten Teil vom Hl. Mauritius übernommen, zu dessen Ehren eine Kapelle auf dem Klostergut von St. Laurentius geweiht ist.

Im ersten Teil der Vision findet der mit minimalistischen Mitteln geschilderte Besuch im Fegefeuer statt. Dieser wird mit einem Traktat abgeschlossen, in dem Johannes von nicht näher bezeichneter Stelle her ihm bisher unbekannte Dinge über das Schicksal der Seelen nach dem Tod erfährt – *„Due sunt animarum distributiones"* (s. Text, S. 50), das abschließend durch eine Exempelgeschichte – *„... frater ... datum audivit exemplum ..."* (s. Text, S. 52) ideologisch noch untermauert wird.

Im Exempel wird das unterschiedliche Los zweier Mönche im Jenseits beschrieben, von denen einer seinem Kloster sein Leben lang treu geblieben ist, das Gebot der *stabilitas loci* somit nicht verletzt hat, während der andere Mönch aus eigener Initiative in ein anderes Kloster überwechselte und sich daher der Verletzung dieses Gebotes schuldig machte.

Der zweite Teil des Jenseitsberichtes wird von einer Vision innerhalb einer Vision, d. h. einer Schachtelvision bestimmt, in der sich Johannes gemeinsam mit dem Hl. Mauritius in die Kirche des klostereigenen Gutes versetzt sieht, in der sich die Bauern des Gutes zum Gebet versammelt haben (s. Text, S. 56). Hier erfährt Johannes durch Rede und Gegenrede zwischen dem Heiligen und den Bauern von ihren Nöten und deren Ursachen sowie von ihrer Unzufriedenheit mit dem Hl. Mauritius als ihrem Beschützer. Während des Ablaufes der Geschehnisse gewinnt Johannes die Erkenntnis, dass diese Szene, deren Zeuge er wird, nur für ihn stattfindet, um ihm über die wahren Hintergründe der Notlage der Bauern, als deren Seelsorger er zeitweilig tätig ist, Aufklärung zu geben.

Diese beiden in ihrer Erscheinungsform ganz unterschiedlichen Teile des Visionsberichtes stehen für beide Gruppen des Publikums, das im jeweiligen Teil angesprochen werden soll.

Bilden im ersten Teil des Visionsberichtes die Mitbrüder Johannes' die Zielgruppe der Botschaft, ist der zweite Teil an die Bauern des Klostergutes gerichtet. Wir haben es somit in beiden Teilen des Berichtes mit einer *pro-domo*-Vision zu tun, die in ihrer Gesamtheit klostereigenen Bedürfnissen, d. h. den spirituellen wie auch den materiellen Interessen des Klosters gleichermaßen dienen soll.

Mit dem Aspekt der *pro-domo*-Interessen allein ist jedoch die ganze Breite und Tiefe des Visionsberichtes nicht erfasst. Hier kommen noch die ganz persönlichen Elemente im Leben des Visionärs, sowohl in seiner Eigenschaft als Mönch wie auch in seiner Aufgabe als Priester (Anm. 5) ins Spiel.

Mit den persönlichen Elementen im Leben des Mönchs und Priesters Johannes nimmt die Vision auch ihren eigentlichen Anfang. Johannes sieht sich, kaum dass er in der mehr gefühlten als geschauten Gestalt den Hl. Laurentius vermutet, einer strengen Befragung durch ihn unterzogen (s. Text, S. 47). Johannes wird vorgehalten, seiner vornehmsten Aufgabe als Mönch, der tätigen Sorge für das Heil seiner eigenen Seele, nicht ausreichend nachgekommen zu sein sowie auch als Priester für das Seelenheil seiner Mitbrüder nicht genügend gesorgt zu haben.

Ein weiteres Versäumnis wird Johannes dann im zweiten Teil der Vision angelastet, für das er hier aber – im Gegensatz zum ersten Teil – einen Grund vorbringen kann. Der Vorwurf gegen Johannes wird hier vom Hl. Mauritius erhoben, der sich über die mangelnde Aufmerksamkeit Johannes' in Form von Messen und Gebeten in der ihm geweihten Kapelle des Klostergutes beklagt: *„Sed aliquid querele habeo adversum te"* (s. Text, S. 55). Dem kann Johannes zu seiner Verteidigung entgegenhalten, dass er auf dem Gut viel Verdruss zu erleiden hatte und seine Aufmerksamkeit und Gedanken daher nicht immer auf diese Pflichterfüllung gerichtet waren.

Als Ausgangspunkt für diesen zweiten Teil der Vision ließe sich daher eine Situation vorstellen, in der sich die Bauern des Klostergutes bei Johannes als Repräsentanten des Klosters, der in seiner Eigenschaft als Seelsorger gerade zur Stelle ist, über ihre desolate Situation beklagen; stellvertretend für die Verantwortlichen wird er vielleicht beschuldigt und eventuell verbal angegriffen, wobei Johannes, dem als Priester nur seelsorgerische Aufgaben obliegen, den Bauern in dieser Situation nichts entgegenzusetzen hat. Dieser unangenehme Vorfall mag dann die Ursache für seine Zerstreutheit gewesen sein, deretwegen er es versäumt hatte, Gebete und Messen in der Kapelle des Hl. Mauritius abzuhalten.

So sind im Gesamtbild dieses Visionsberichtes persönliche Elemente im Leben des Mönchs Johannes und die Angelegenheiten und Interessen seines Klosters aufs engste miteinander verknüpft. Zwar ist in seinen beiden Teilen der Aspekt der *pro-domo*-Interessen des Klosters (durch Einhaltung der Regel der *stabilitas loci* einerseits und die eingeforderte Treue der Bauern des Klostergutes andererseits) von entscheidender Gewichtigkeit, doch hat, wie schon oben erwähnt, auch das persönliche Element des Visionärs hier seinen gleichwertigen Platz.

Zusammenfassend ist daher die Existenz eines historischen Kerns des vorliegenden Visionsberichtes durchaus anzunehmen, der in den realen Umständen, wie oben geschildert, seinen Ursprung hat.

Um diesen historischen Kern herum, d. h. um eine Vision Johannes' mit seiner Ermahnung durch die Heiligen Laurentius und Mauritius und deren offenbar reale Hintergründe, hat Reiner von Lüttich, Schüler, Mitbruder und strenger Kritiker Johannes' (siehe Kapitel „Der Visionär Johannes im Werk Reiners von Lüttich") und selbst Autor eigener wie fremder Visionsberichte, ein komplexes, didaktisch ausgerichtetes Werk über den Besuch seines Mitbruders Johannes in den Räumen des Jenseits geschaffen. Sein Bericht will, wie schon oben erwähnt, eine zweifache Botschaft vermitteln, die für die gesamte Klostergemeinschaft von St. Laurentius, d. h. für die Mitbrüder wie auch für die Angehörigen des Klostergutes gleichermaßen gilt.

Dieser im Vergleich mit den „großen" Visionen des 12. Jhds. kurze Visionsbericht hat bislang bei der Forschung vergleichsweise wenig Aufmerksamkeit gefunden, so dass eine kritische Edition zu diesem Text bis dato noch aussteht. Dies mag darauf zurückzuführen sein, dass seine Rezeption bisher auf den klösterlichen Rahmen innerhalb eines engen geografischen Raumes in einer definierten historischen Epoche begrenzt war. Mit der vorliegenden Arbeit soll nun diesem Visionsbericht sein Platz in der Reihe der Jenseitsvisionen des 12. Jhds. zugewiesen und ihm zu einer weiterreichenden Rezeption verholfen werden.

Das Ziel dieser Arbeit möchte aber über die Erstellung einer kritischen Edition hinausgehen. Durch einen ausführlichen Kommentar zum Text wird angestrebt, soweit eben möglich die äußere wie auch innere Lebenswelt des Visionärs bzw. Verfassers aufzuzeigen, vor deren Hintergrund die vorliegende Vision geschaut und literarisch bearbeitet werden konnte.

1. Die Besonderheiten der Vision des Johannes im Hinblick auf die Jenseitsreisen des 12. Jhds.

Der französische Historiker Leon Maître beschloss das Kapitel „Theologie" in seiner Forschungsarbeit über die Schulen von Lüttich mit folgender Betrachtung: „In jeder Epoche nimmt die Gesellschaft Stellung zu den großen Fragen der Menschheit, die in dieser Zeit im Zentrum ihres Denkens stehen. Im 12. und 13. Jahrhundert war dies die Frage des Gläubigen über sein individuelles Schicksal nach dem Tod" (1).

In der Tat lässt sich in der genannten Periode eine vermehrte Beschäftigung mit Themen der Eschatologie – allen voran der persönlichen Erlösung – nicht nur bei Theologen dieser Zeit, sondern auch in Laienkreisen beobachten. Auf den bedeutenden Platz dieser Fragen im Leben des Gläubigen weisen die Visionen hin, die Jenseitsreisen thematisieren und im 12. Jhd. mit den schon oben erwähnten fünf großen Berichten von Jenseitsreisen – den Visionen Alberich Settefratis, Edmunds von Eynsham, Gottschalks, Owe[i]ns und Tundals – einen literarischen Höhepunkt erreichten. Der Grund für die deutliche Präsenz von Visionen dieser Gattung gerade in dieser Epoche ist u. a. in ihrer allgemeinen Rezeption als autoritäre Informationsquelle zu diesen Themen zu suchen.

Diese großen Jenseitsreisen sind breit angelegte Schilderungen der jenseitigen Räume, die, wie z. B. bei Alberich Settefrati, wie großes dramatisches [Jenseits-]Theater oder im Falle Gottschalks und des Ritters Owe[i]n, als gefahrvolle Abenteuerreisen gestaltet sind. Die im Jenseits gewonnenen Erfahrungen dieser Visionäre, Owe[i]n ausgenommen, sind sowohl auf ihren eigenen, als auch auf den Nutzen der Allgemeinheit der Christgläubigen ausgerichtet.

Solche literarischen Charakteristiken sucht man in der Vision Johannes' vergeblich. Ein wichtiger Punkt in der unterschiedlichen Gestaltung bei Johannes liegt wohl in dem von den genannten Visionären verschiedenen Grundkonzept: Mit dieser Vision soll, wie schon bemerkt, nicht die Gesamtheit der Gläubigen, sondern die Gemeinschaft der Klosterangehörigen von St. Laurentius angesprochen werden. Davon zeugen ihre beiden Hauptteile, d. h. das schon erwähnte Traktat über das Schicksal der Seelen nach dem Tod als für die [Bruder-]Mönche bestimmt einerseits, und die Schachtelvision mit der Begegnung der Bauern des Klostergutes mit dem dort als Schutzpatron verehrten Hl. Mauritius andererseits.

Somit steht im Zentrum des Visionsberichtes eine Warnung des jeweiligen Zielpublikums vor den Konsequenzen sträflichen bzw. nachlässigen Handelns und folgt in dieser Hinsicht typenspezifischen Mustern der Berichte von Jenseitsreisen.

Während sich jedoch die genannten Vertreter dieser Gattung in oft grausamen Schilderungen der Strafen für die sündigen Seelen unter Einsatz reicher und von Gewalt inspirierter Fantasie ergehen, zeichnen sich die relevanten Schilderungen bei Johannes durch große Verhaltenheit aus. Vergleichsweise milde Strafen werden von ihm als *penitentia gravissima* (s. Text, S. 50) dargestellt, zu denen u. a. der Mangel an Licht und Hoffnung auf Erlösung zählen. Trotz dieser „schweren Strafen" bleibt den sündigen Seelen die Hölle erspart, und nach geraumer Zeit kommen sie an andere Orte mit leichteren Strafen. Schon im ersten Satz seines Traktates versichert Johannes allen Seelen im Fegefeuer das zukünftige Heil.

Ein besonders eindrückliches Beispiel von Strafen, die Johannes für die im Fegefeuer büßenden und traurigen Angesichts auf einer langen Bank sitzenden Seelen seiner Mitbrüder anführt, ist das Fehlen des Fuß-Schemels zu ihren Füßen:

„...*sine suppedaneis eorum dependebant pedes*" (s. Text, S. 50). Selbst für die „schwere Strafen" erleidenden Seelen hält er auch wiederholt den Trost ihrer künftigen Erlösung bereit (s. Text, S. 50, 51).

Eine für Jenseitsreisen untypische Strafe des Fegefeuers ist bei Johannes als besonders schwere Form der Buße die Verlegung des Strafortes in die diesseitige Welt erwähnt („*Desiderant anime ad purgationem in hac terra posite...*" [s. Text, S. 52]:), wo die Seelen auf der Suche nach Ruheplätzen der ständigen Verfolgung durch Dämonen ausgesetzt sind. Eine solche Strafe ist für Johannes' Brudermönche vorgesehen, die aus Eigeninitiative in ein anderes Kloster übergewechselt sind (s. Text, S. 51, 52).

Die Hölle wird bei Johannes wie *en passant* bei seinem Fall durch die Luft auf seiner Rückkehr aus dem Jenseits in seinen Körper wahrgenommen: „*Monstrabantur ei in aere ... cadavera iacentia...*" (s. Text, S. 57).

Hier verortet Johannes einerseits ganz untypisch die Hölle in den Luftraum zwischen Himmel und Erde, folgt aber andererseits in seiner Schilderung der Strafe leidenden Seelen durchaus dem üblichen Muster von der Bestrafung an den Körperteilen, mit denen gesündigt wurde (s. Text, S. 57).

Ebenfalls untypisch für Visionen dieser Gattung ist bei Johannes die Schilderung einer kosmischen Erscheinung in Gestalt einer goldenen rotierenden Ellipse von der Größe eines Tempels, von der himmlische Harmonien ausgehen (s. Text, S. 53). Sie kann nur als Beschreibung des Himmels verstanden werden und bildet, zusammen mit einer letzten Ermahnung Johannes' durch den Hl. Laurentius, den Übergang zum zweiten Hauptteil der Jenseitsreise.

Neben der Abwesenheit der Schilderung des Himmels bzw. Paradieses als Wohnstatt Gottes und der Seligen ist auch das Fehlen einer ausdrücklichen Benennung der Jenseitsorte auffallend wie auch die Abwesenheit von Fragen seitens des Visionärs an den himmlischen Begleiter nach der Natur des besuchten oder geschauten Ortes.

Anderseits aber ist dieser Jenseitsbericht ganz auf das Verstehen für den Visionär selbst von ihm bis dato unbekannter Dinge eschatologischer wie auch weltlicher Natur, ausgerichtet. Dies gilt für beide Hauptteile der Vision in gleichem Maße. Das ist der Fall z. B. bei einer Audition, die Johannes vernimmt, noch ehe er auf das Fegefeuer trifft:

„... *cum intellegere vellet sensum, talem subito mente percepit intellectum*" (s. Text, S. 50); desgleichen werden ihm beim Anblick des Fegefeuers verschiedene Dinge klar: „... *et de animabus quod nesciebat intellexit.*" (Anm. 49); in der Schachtelvision gewinnt er die Erkenntnis, daß sie einzig zum Verstehen ihm bisher unbekannter Dinge stattfindet: „... *sed tibi palam faciam quod nescis.*" (s. Text, S. 55), sowie: „... *frater idem ... sciens propter se hac ostensa, ut sciret quod nesciebat.*" (ibid.)

Aber nicht allein das intellektuelle Verstehen Johannes' steht hier im Vordergrund, sondern auch das Bemühen um die Schaffung eines Gleichgewichtes zwischen beiden Hauptteilen der Vision im Verhältnis des himmlischen Begleiters zum Visionär. In beiden Teilen muß Johannes beim ersten Zusammentreffen mit dem jeweiligen Heiligen von diesem eine Anschuldigung wegen versäumter Pflichten hinnehmen.

Im Verlauf der Vision bittet Johannes beide Heilige um ihren Segen. Im ersten Teil des Berichtes geschieht das in der Vorstufe der Vision beim ersten Zusammentreffen mit dem Hl. Laurentius, noch vor Beginn der eigentlichen Jenseitsreise. Hier ist die gegenwärtige schwere Krankheit des Visionärs der Anlaß der Bitte um den Segen zur Heilung und Stärkung (s. Text, S. 48). Im zweiten Teil sind schmerzende Füße für Johannes der Grund der Bitte um den Segen des Hl. Mauritius (Anm. 80).

In deutlichem Gegensatz aber zu diesem Bemühen um Gleichgewichtigkeit beider Visionsteile steht die ganz unterschiedlich verlaufende Kommunikation zwischen dem jeweiligen Heiligen und dem Visionär. Der erste Teil ist von anfangs sehr strengem, später in versöhnlichere Milde übergehendem Verhalten des Hl. Laurentius zum Visionär geprägt. Hier steht Johannes dem Heiligen gegenüber, noch unsicher über die Identität der Erscheinung, deren er gewahr wird; verängstigt und wegen seiner schweren lebensbedrohlichen Krankheit von Sorge erfüllt, zeigt er sich von großer Demut. Ganz anders gestaltet sich das Verhalten beider Akteure im zweiten Teil der Vision. Hier braucht es für den Visionär nicht lange, um in der ihm nahenden Gruppe mit ihrem Anführer den Hl. Mauritius und seine Mitstreiter zu erkennen. Hier ist es Johannes, der das Gespräch eröffnet, in das sich ein versteckter Vorwurf dem Heiligen und seiner Gruppe gegenüber mischt (s. Text, S. 54). Im weiteren Verlauf des Zusammentreffens erinnert der Hl. Mauritius den Visionär an eine Nachlässigkeit in der Ausübung seiner Pflichten, was von Johannes zwar bestätigt, aber zugleich von einer Erklärung und einer Klage seinerseits an den Heiligen begleitet wird (s. Text, S. 55). Ist hier die Rede des Hl. Mauritius von verzeihender Milde und Güte geprägt, so ist das Verhalten Johannes' dem Heiligen gegenüber von ungewöhnlichem Freimut gekennzeichnet (s. Text, S. 55); nur gegen Ende der Schachtelvision in seiner Bitte um den Segen zeigt sich Johannes von gebührender Demut.

Die hier aufgezeigten Charakteristiken des Jenseitsberichtes des Johannes/Reiners machen ihn in der Reihe der Jenseitsreisen des 12. Jhds. zu einem ungewöhnlichen Vertreter dieser Textgattung.

2. Der Visionär Johannes im Werk Reiners von Lüttich

Über die Gestalt des Johannes berichtet nur ein einziger Textzeuge: Es ist Reiner von Lüttich, vormaliger Schüler und Mitbruder von Johannes, der in zweien seiner Werke wichtige Information über ihn überliefert hat.

Das ausführlichere Zeugnis befindet sich im Katalog, den Reiner von den Autoren seines Klosters unter dem Titel *De ineptiis cuiusdam idiotae libellus ad amicum* erstellt hat und von der Forschung als eines seiner wichtigsten Werke angesehen wird (Näheres dazu im folgenden Kapitel).

In diesem dreiteiligen Werk bespricht Reiner die Autoren seines Klosters von der Zeit seiner Gründung an unter Einbeziehung seiner eigenen bis dato verfaßten Werke.

In der Reihe der beschriebenen Autoren ist Johannes der vorletzte und wird von Reiner als Mitbruder und leiblicher Bruder Gisleberts vorgestellt, der auch Verfasser und Komponist geistlicher Werke war:

„... Iohannes tam spiritu quam carne illius [sc. Gisleberti] frater... Qui ...
maxime in musica dulces faciebat modos..." (s. Text, S. 46).

Von den Werken Gisleberts ist nur ein Gedicht überliefert, das von Reiner
vollständig zitiert wird. Neben seinem künstlerischen Wirken werden noch
Gisleberts Gelehrsamkeit und religiöse Hingabe hervorgehoben (2).
Im Gegensatz zu seinem Bruder Gislebert steht bei Johannes die pädagogische Tätigkeit im Vordergrund, wie aus Reiners Zeugnis hervorgeht, in
dem er Johannes als *scholasticus et eruditione et officio* bezeichnet (3). Aus
dem Artikel von Ch. Renardy über den Gebrauch der Begriffe *scholasticus*
und *magister* im 11. und 12. Jhd. in Lüttich kann geschlossen werden, daß
Johannes der Klosterschule von St. Laurentius vorstand (4).
Reiner spricht von Johannes als von seinem vormaligen Lehrer und spart
dabei nicht mit Kritik an den Erziehungspraktiken seines gestrengen Meisters, die er anschaulich und aus offensichtlich eigener, schmerzlicher Erfahrung schildert. Die Furcht des Schülers vor der Strenge des Lehrers zeigt
sich auch im erwachsenen Reiner noch gegenwärtig, wie aus seinem Vergleich des Lehrers mit dem menschenverschlingenden Zyklopen Polyphe-
mus deutlich wird:

„Heu, quotiens illum Virgilii monoculum me putavi Polyphemum incurrisse" (5).

Bei der Darstellung der furchteinflößenden Gestalt des Lehrers könnte es
sich allerdings auch um einen aus der römischen Literatur bekannten Topos
handeln.
Das für den vorliegenden Text bedeutendste Zeugnis im Porträt Johannes' jedoch ist Reiners Erwähnung der Vision seines Meisters:

„Idem aliquando infirmatus, miroque satis ordine extra se et supra se factus,
plurima vidit memoratu digna, quae et gratia aedificationis scripta edidit." (6).

Mit diesem Zeugnis läßt sich die Historizität zumindest eines gewissen,
kleinen Teils des Visionsberichtes und der ersten Aufzeichnung des Erlebten bestätigen, die laut Text von einem unerwähnt gebliebenen Mitbruder
durchgeführt wird: *„Inde per dies convalescens, ubi primum potuit accito*
frater uno, ea que viderat excipere eum fecit in tabellis, ne forte exciderent
illi. Que postea relegens scripto tradidit..." (s. Text, S. 58; s. a. Anm. 87).
Wesentliches über die Hintergründe der Vision Johannes' erfahren wir
in Reiners hagiografischer Schrift *Vita et Passio Sanctae Mariae Virginis*
Cappadocis. Hier setzt Reiner ganz offensichtlich die Vision seines Meisters
auch für eine eigene Meinungsäußerung ein: Die Schilderung des Visionsgeschehens benutzt Reiner zur Kritik an seinem vormaligen Lehrer, in der er
die Beschäftigung bzw. die Art der Beschäftigung Johannes' mit den Komö-
dien des Terenz verurteilt.

Im Vorwort zu dieser hagiografischen Schrift stellt Reiner zunächst einmal die Beschäftigung mit den Werken des römischen Dichters der Beschäftigung mit den Heiligen Schriften gegenüber, um letztere lobend hervorzuheben:

> *„O quam delectabile est atque jocundum divinis rebus intendere animum!"* (s. Text, S. 47) (7).

Anschließend weist Reiner auf die Gefahren hin, die das theatralische Deklamieren dieser Texte durch seinen Lehrer Johannes für die jungen, noch ungefestigten Gemüter seiner Schüler darstellt:

> *„...etenim ... pueris sive adolescentibus Terentium (sc. Johannes) legebat. Sed scenia lectio plus obesse quam prodesse auditoribus infirmis solet"* (8).

Zur Verstärkung der Wirkung seiner pädagogischen Absichten durch eine himmlische Autorität zieht Reiner die Vision seines Lehrers heran, in der dieser wegen der Beschäftigung mit den genannten Texten vom Hl. Laurentius eine ernste Ermahnung hinnehmen muss:

> *„Interea magister ille infirmatus est, ita ut pene desperaretur. Qui extra se per exstasim factus, plura vidit et audivit memorabilia, quae postea scripta edidit. Beatum quoque Laurentium ... minaciter sibi objecisse non tacuit (sc. Johannes) redarguentem, quod ludieris sordidaretur, dum comico uteretur"* (9).

Eine sehr viel spätere Erwähnung des Visionärs Johannes findet sich in der vielbändigen *Histoire littéraire de la France* des Dom Rivet, die auf Reiners Zeugnis beruht, jedoch um eine aufschlußreiche Information bereichert wird: Dom Rivet spricht die Vermutung aus, daß Johannes von Lüttich der Verfasser einer Sammlung von Satiren war, die in einem alten Katalog des Klosters St. Vaast in Arras unter dem Titel *Johannes Legii Satyrae* verzeichnet war (10). Zur Zeit des Erscheinens des relevanten Bandes der *Histoire littéraire* im Jahre 1763 war dieser Katalog in St. Vaast jedoch nicht mehr vorhanden, so daß eine Verifizierung dieser Vermutung nicht möglich ist. Sie steht aber im Einklang mit den von Reiner kritisierten theatralischen Neigungen seines Lehrers (s. o.).

Zur Lebenszeit Johannes' macht Anfang des 18. Jhds. der damalige Bibliothekar des Klosters, Coelestinus Lombardus, eine ungefähre Angabe, die auch von der *Patrologia Latina* im Vorwort zur Textausgabe übernommen wurde:

> *„... P. Lombardus, qui et notavit Joannem sub utroque Wazelino abbate floruisse, quorum primus monasterium S. Laurentii regere desiit ac obuit anno 1147, alter anno 1156"* (11).

Diese Angaben zu den Amtszeiten beider Äbte von St. Laurentius wurden von Usmer Berlière in seiner Forschung über die belgischen Klöster korrigiert: Wazelinus I., der von 1130 bis 1149 amtierte, wurde 1150 von Wazelinus II. abgelöst, dessen Amtszeit mit seinem Tod 1158 endete (12). Damit läßt sich die Lebenszeit Johannes' für die Zeit von ca. Ende des 11. Jhds. bis etwa zur Mitte des 12. Jhds. ansetzen. Einen weiteren Hinweis auf die Lebenszeit unseres Visionärs bildet Reiner selbst, dessen Lebensspanne van Engen für die Zeit von 1110/1120 bis 1187/1190 ansetzt (13). Diese wichtige Information wird von der Datierung Reiners Autorenkatalogs ergänzt, der H. Silvestre zufolge zwischen 1158 und 1161 entstanden ist (14).

3. Reiners Autorenschaft am Visionsbericht

Aufgrund der von Reiner überlieferten Zeugnisse ließ sich demnach nicht nur die Person des Visionärs Johannes in kurzen Zügen nachzeichnen, sondern auch ein historischer Kern des Visionstextes belegen. Wie oben schon erwähnt, war es der Mitbruder Johannes', der Schriftsteller Reiner von Lüttich, der die „Urfassung" der Vision zu dem vorliegenden Text einer Jenseitsreise mit didaktischer Zielsetzung ausgearbeitet hat.

Zu dem Schluß der Autorenschaft Reiners an diesem Visionsbericht gelangte schon Ch. Carozzi in seiner Forschungsarbeit über die Apokalypse, in der er sie mit verschiedenen Beispielen von Motiven und Formulierungen vornehmlich aus den *Libri Lacrymarum tres* Reiners belegt (15).

Dieses Spätwerk Reiners bildet eine Sammlung von Visionen, die im Kloster von St. Laurentius geschaut und von ihm aufgezeichnet wurden. Visionen erwähnt Reiner auch in seinem Autorenkatalog, in dem er eine von ihm selbst geschaute ausführlich beschreibt (16).

Diese genannte Vision Reiners ist für den vorliegenden Bericht der Jenseitsreise aufschlußreich: Beiden Texten gemeinsam ist die ausführliche, fast obsessiv zu nennende Beschäftigung des Visionärs mit der eigenen Gesundheit im prä- und postvisionären Zustand. Von seiner eigenen prävisionären Erfahrung bezüglich seiner Gesundheit teilt uns Reiner folgendes mit:

> „*Infirmitas me … gravis in lectulum deiecit. … Cybi defecerat omnino appetitus, succique inopes venae somno illapsum negabant*" (17).

Den postvisionären Zustand schildert Reiner mit den folgenden Symptomen, denen zufolge er an Gliederschwäche litt, so daß er sich im Laufe von sieben Tagen ohne fremde Hilfe weder aufrichten noch stehen konnte:

> „*Sic membra languore debilitate, sic dolore tamquam vinculis astricta erant, quod per septem dies nec surgere nec stare nisi alieno potuissem amminiculo*" (18).

Eine ähnliche Schilderung des postvisionären Zustandes charakterisiert auch den vorliegenden Visionsbericht (s. Text, S. 57).

Verwandte Züge mit dem vorliegendem Text weist in diesem Zusammenhang auch die Schilderung einer weiteren Krankheit Reiners auf: Im autobiografischen Teil seines Autorenkatalogs berichtet Reiner von einer Epidemie,
die auf das Kloster übergegriffen und zahlreiche Opfer gefordert hatte:

> „*Gravissima ... egritudinem tabes locum incesserat nostrum, et acutae febres ...
> plurimos fratrum lectulis, aliquos addicebant sepulchris*" (19).

Von der Epidemie wurde auch Reiner betroffen, und er beschreibt seinen
Zustand mit auffallender Ähnlichkeit der Schilderung von Johannes' prä-
und postvisionärem Zustand:

> „*Siquidem egrotavi usque ad mortem... Spem vivendi signa iam funebria expu-
> lerant, cum per septimanam cybi penitus ac somni expers, tum et ignea febre
> exsiccato propemodum periclitarer cerebro, agerer fantasiis, loquerer aliena*"
> (vgl. Text, S. 46, 58) (20).

Mit seiner Genesung fühlt Reiner, dem Tod entkommen und dem Leben
zurückgegeben zu sein:

> „*Ad vitam ex ipsa sum mortis fauce retractus*" (21).

Sofort jedoch wird Reiner von Angst und Zweifeln gepackt, ob er auch die
Gelegenheit, die ihm zur Besserung gegeben wurde, auf die rechte Weise
wohl werde nutzen können:

> „*Tremens factus sum et timeo, ne mortis illa dilatio meae minus sit vitae
> correctio*" (22).

Das Motiv der Gelegenheit zur Besserung, die dem Visionär mit dem Aufschub seines Todes gewährt wird, ist auch in der Vision des Johannes deutlich angesprochen:

> „*... testis adero (sc. St. Laurentius) quomodo de die in diem tua perficietur cor-
> rectio ... ... et si frustra fuerit ista vite tua dilatio...*" (s. Text, S. 48).

Endlich findet sich eine abschließende Relativierung der Bedeutung des
Visionserlebnisses für den Visionär selbst sowohl bei Reiner als auch bei
Johannes:

> Reiner: „*Deum non sancta visio, sed sancta meretur actio*" (23), und bei Johannes
> heisst es ähnlich: „*Omnes tamen stabimus ante tribunal Christi, nec discutietur
> meritum videndi, sed vivendi*" (s. Text, S. 59).

4. Eine Auswahl weiterer Gestalten des Autorenkatalogs

Für den Historiker J. van Engen gilt Reiner als der gebildetste von St. Laurentius in seiner Zeit und als einer seiner bedeutendsten Autoren überhaupt
(24). Der im Versmaß gewandte Reiner bezeugt in einem Bescheidenheitstopos von sich, als *poeta modicus* den klassischen römischen Dichtern

nacheifern zu wollen (25). Seinen metrischen Werken jedoch steht ein breit-
gespannter Bogen weiterer Literaturgattungen in Prosa, wie Hagiografie,
Liturgie, Historiografie und Geografie sowie Erbauungsschriften gegenüber. Dazu sind noch ein komputistisches Werk sowie eine Streitschrift
(Qui sophistice loquitur, odibilis est) aus seiner Feder zu erwähnen.

Unter die späteren, nach dem Katalog verfaßten Werke Reiners sind noch
die Biografien von drei Bischöfen der Stadt Lüttich aus dem 10. und 11. Jhd.
zu nennen. Sie gelten als seine historisch bedeutsamsten Werke, da sie für
bestimmte Ereignisse die einzigen Zeitzeugen bilden.

Reiner unterbrach seine literarische Tätigkeit für einen gewissen Zeitraum, um sich der Lektüre und der Unterweisung der Klosterschüler widmen zu könen (26).

Von dem breitgefächerten Werk Reiners wurde bisher nur ein Teil herausgegeben. Unklar ist, ob im *Thesaurus Anecdotorum Novissimus*, der
Anfang des 18. Jhds. von dem Benediktiner B. Pezius herausgegeben wurde
(s.u.) das gesamte Werk abgedruckt war. Im ersten Weltkrieg wurden Teile
des *Thesaurus* vernichtet, so daß Ungewissheit darüber besteht, welche von
Reiners Werken in diese Sammlung ursprünglich Aufnahme fanden.

Ein Teil der überlieferten Werke wurde in der *Patrologia Latina*, vol. 204,
veröffentlicht, ein weiterer Teil in einer kritischen Ausgabe in den *MGH
Script.*, Bd. XX, herausgegeben. Acht von Reiners Werken befinden sich in
einem Legendarium aus dem Jahr 1428 aus dem Kloster von St. Laurentius,
in dem auch der vorliegende Visionstext aufgeschrieben ist (siehe Kapitel
„Der Visionsbericht und die Textzeugen").

Wenden wir uns dem Katalog und einigen weiteren von Reiner darin
beschriebenen Autoren seines Klosters zu:

> Die beiden ersten Teile des Werkes bilden neben den autobiografischen Schilderun-
> gen Reiners eine wertvolle Quelle zur Rekonstruktion der vielfältigen Aktivitäten,
> in denen sich das Kloster seit seiner Gründung bis in Reiners Zeit auszeichnete.
> Sein Zeugnis verdeutlicht, ein wie typischer Vertreter seines geistigen und intel-
> lektuellen Umfeldes Reiner selbst war: Die von ihm mehrheitlich hervorgehobene
> Eigenschaft seiner Autoren ist ihre Gelehrsamkeit in den geistlichen wie in den
> weltlichen Studien und Wissenschaften. Als repräsentatives Beispiel hierfür mag
> Reiners Beschreibung von Heribrand dienen, des fünften Abts von St. Laurentius,
> der in Prosa wie in den Versmaßen gleichermaßen versiert und begabt in den geist-
> lichen wie den weltlichen Studien war:
> „*Ad dictandum erat sive ad versificandum promptissimus, tamque divina quam
> humana preditus litteratura*" (27).

Ludwig der Ältere (*Ludovicus sen.*) wird von Reiner als Gründer der Klosterschule von St. Laurentius genannt wie auch als Bearbeiter metrischer
Dichtung. Auch von weiteren Gestalten aus seinem Kloster, wie z. B. Rupert

von Deutz und Gislebert, dem Bruder des Visionärs, weiß Reiner von der Abfassung metrischer Werke zu berichten.

Ein weiteres Beispiel für den sicheren Umgang der Mönche von St. Laurentius mit den Werken der Klassiker führt Reiner in seiner Schilderung des Mönchs Lambert an, der einen Kommentar zu Äsops Fabeln verfaßt hatte (28).

Ebenso wurde die liturgische Komposition in St. Laurentius gepflegt, unter anderem auch von Rupert von Deutz, von dem Reiner bezeugt:

> *„De sanctis Theodardo martyre, Goare ac Severo confessoribus cantus composuit"* (29).

Musikalische Ausbildung hatte Reiner nach eigenem Zeugnis selbst genossen, die er in den Dienst seines Klosters stellte.

Über seine Abfassung eines komputistischen Werkes berichtet Reiner im autobiografischen Teil des Katalogs. Ein Handbuch der Formeln zur Berechnung der Feste hatte, wie von ihm bezeugt, schon der Mönch Engelbert vor ihm herausgegeben:

> *„... quedam theoremata computistis utilia compaginavit"* (30).

Außer astronomischen Studien, mit denen sich Engelbert befaßt hatte, wurden im St. Laurentius-Kloster auch rein mathematische Studien betrieben, wie Reiner über Falchannus, den Nachfolger Ludwigs in der Leitung der Klosterschule, schreibt. Falchannus teilte sein Interesse an der Mathematik mit Franco, einem Mönch aus dem Kloster St. Lambert in Lüttich. Gemeinsam verfaßten sie eine Abhandlung über die Quadratur des Kreises (31).

Bei aller Beschäftigung mit säkularen Studien nahmen die geistlichen, dem Mönchsleben eigenen Studien ihren gebührenden Platz ein, was auch von Reiner in der Beschreibung bei vielen seiner genannten Autoren lobend hervorgehoben wird: So zum Beispiel im Porträt des Abtes Wazelinus II., der in seinem lebenslangen Dienst am Herrn trotz Krankheit und Alter die geistliche Lektüre, Gebet und Kontemplation immer in den Mittelpunkt seines Tuns stellte:

> *„Iam porro senuerat, iam diutinus in servitio Christi labor, preterea ... egritudo illum detriverant, sed indeflexa lectionis, orationum, contemplationis acie in verum solem oculos habens animae fixos..."* (32).

Als Vorbild für die Vereinigung geistlicher Tätigkeit mit Beschäftigungen von praktischem Nutzen führt Reiner die Gestalt des Mönchs David an, der die Last des Kreuzes in Demut trägt und unermüdlich ist in der Erfüllung seiner mönchischen Pflichten: Der im Gebet und in der Lektüre eifrige David widmet seine Zeit auch dem Kopieren von Büchern zum Gebrauch für seine Mitbrüder:

„Nunc orationi, nunc vacabat lectioni, nunc digiti eius apprehendebant calamum, et quos legerent, quos meditarentur fratres, scribebat doctorum libros" (33).

Eine Sonderstellung in Reiners Autorenkatalog nimmt Rupert von Deutz ein, der sich der Hochschätzung Reiners erfreut und von diesem als *oliva fructifera in domo Dei* gepriesen wird (34). Reiner zählt die zahlreichen theologischen Schriften Ruperts auf und lobt dessen Gelehrsamkeit und Tugenden, die ihn seinem Urteil nach in eine Reihe mit den größten Gelehrten stellen:

„Robertus scientia et virtutibus par doctoribus summis" (35).

Obwohl im Porträt Ruperts nicht erwähnt, sollen hier auch seine großen Kenntnisse der klassischen römischen Literatur nicht unerwähnt bleiben.

J. van Engen berichtet von Rupert, daß dieser, ein Schüler des gelehrten Heribrands, wenigstens zehn verschiedene Versmaße beherrschte und seine Schriften mit Zitaten aus Vergilius, Horatius und Ovidius anzureichern pflegte (36).

In seinem Autorenkatalog berichtet Reiner auch über eine von Rupert verfaßte Chronik von St. Laurentius. In dieser Chronik schildert Rupert die Ereignisse um den politischen Konflikt zwischen den deutschen Kaisern Heinrich IV. und Heinrich V. mit den Päpsten Gregorius VII. und Pascal II., in dem das Kloster Partei für Gregorius VII. nahm. Es war Rupert, der sich energisch gegen Bischof Otbert (bis 1119) stellte, der für den Kaiser Partei ergriffen hatte. Als Folge des Konflikts mußten die Mönche von St. Laurentius zeitweilig ihr Kloster verlassen und Zuflucht in den Klöstern der Umgebung suchen (37). Diese in der Chronik aufgezeichneten Ereignisse faßt Reiner wie folgt zusammen:

„Uno etiam libello statum nostrae prosecutes est ecclesiae, videlicet a quibus exstructa sit, quae bona vel quae mala de manu Domini ab Evraclo Leodiensium episcopo usque ad Otbertum susceperit" (38).

Des Weiteren erwähnt Reiner eine mystische Vision Ruperts, in der dieser die Göttliche Weisheit schauen durfte. Bedeutungsvoll sind auch andere Visionen Ruperts, die im Rahmen seiner exegetischen Schriften zum Matthäus-Evangelium von ihm selbst bezeugt werden. Im 12. Buch des Matthäuskommentars berichtet Rupert ausführlich auch über eine Vision, in der ihm die Legitimation seiner Tätigkeit als Schriftsteller von Gott selbst verliehen wurde:

„... et in evangelium Matthei item 13 scripsit, quorum scilicet declarat penultimo, quam mirabiliter, quam gloriose gratiam scribendi de sursum a patre luminum acceperit" (39).

Von den Autoren des 12. Jhds. aus St. Laurentius, deren Werke in Reiners Katalog Aufnahme fanden, sei endlich auch Abt Wazelinus II. mit seiner Schrift *De Consensu Evangelistarum* (Gessler, II/106, p. 127) genannt.

Mit der Liebe zu den klassischen Studien ging in St. Laurentius auch eine humanistische Gesinnung einher, die aber nicht nur die religiöse Atmosphäre im Kloster, sondern auch die Umgebung der Diözese von Lüttich und der Erzdiözese Köln kennzeichnete. Ihren besonderen Ausdruck fand sie in der Milde und Humanität gegenüber den Sündern und der Schwachheit des Menschen (s. Text, S. 57, 58).

Ein treffendes Beispiel eines praktizierten religiösen Humanismus findet sich bei Anselm von Lüttich, dem Verfasser der Regesten der Lütticher Bischöfe: Anselm berichtet von der Anfrage eines spanischen Bischofs an seinen Amtskollegen Wazo von Lüttich (bis 1048) bezüglich des Verfahrens mit Repräsentanten von Ketzern. Wazo lehnt ihre vorgeschlagene Bestrafung ab und legt dem spanischen Bischof nahe, dem Beispiel Jesu folgend Geduld und Milde walten zu lassen:

> *„Haec licet Christiana abhorreat religio, et cum Arrianae hereseos dampnet sacrilegio, tamen imitata Salvatorem suum, qui mitis et humilis corde ... iubetur interim tales quodammodo tollerare...“* (40).

In diesem Geist der Geduld und Milde äußert sich Reiner in seinem hagiografischen Werk *Vita Pelagiae* zu eschatologischen Themen. Hier weist er die Prediger an, von den Letzten Dingen nicht in überzeugenden Worten der menschlichen Weisheit zu reden, sondern in Worten der Tugend des Geistes und der Einfachheit der Wahrheit – so wie jemand, dessen Mund Gott geöffnet und mit dem Geist der Weisheit und des Verstehens erfüllt hat:

> *„Qui ambone ascenso de regno Dei et sanctorum Gloria, de locis poenarum atque perditorum misera peroravit, non in persuabilibus humanae sapientiae verbis, sed in virtute spiritus atque simplicitate veritatis, utpote cujus aperuerat os Dominus, quem repleverat spiritu sapientiae et intellectus“* (41).

5. Das Kloster von St. Laurentius um die Zeit Reiners von Lüttich

Im St. Laurentius-Kloster wurde die Observanz von Cluny eingehalten, die Anfang des 12. Jhds. von Abt Stephan I. (bis 1112), dem vormaligen Abt des Klosters St. Jacobus in Lüttich, eingeführt worden war.

Die materielle Grundlage von St. Laurentius bildeten in hohem Maße die von Kolonen bewirtschafteten Güter, die dem Kloster von den Bischöfen von Lüttich verliehen wurden. So wurden ihm z. B. anläßlich der Einweihung der Klosterkirche im Jahre 1034 von Bischof Reginhard mehrere Hundert Mansi Boden übereignet. Einige Jahrzehnte darauf, in den Jahren zwischen 1076 und 1091, übereignete Bischof Heinrich von Lüttich dem Kloster die Hälfte eines Dorfes mitsamt seiner Kirche:

> „... *commemoratio domini Henrici ... Leodiensis ep., qui dedit sancto Laurentio ecclesiam de Aioncourt et mediam partem villae cum omnibus appenditis suis...*" (42).

Im Jahre 1179 stellte der Papst das Kloster unter seinen persönlichen Schutz und bestätigte dabei auch aufs neue die Rechtmäßigkeit seiner Besitzungen (43).

In unmittelbarer Nachbarschaft des Klosters war ein kleines von St. Laurentius abhängiges Dorf gelegen, das auch seiner Gerichtsbarkeit unterstellt war (44). Die Rechtsprechung für die Bewohner fand im Dorf selbst im eigens dafür vom Kloster errichteten Gebäude statt.

In der Bewohnerschaft des Klosters läßt sich in der zweiten Hälfte des 12. Jahrhunderts zunächst ein beschleunigter, dann aber moderater Zuwachs beobachten: Zählte sie im Jahre 1160 noch 13 Mönche, war sie 1170 schon auf 44 und gegen Ende des Jahrhunderts auf 50 Mönche angewachsen (45).

Im Jahre 1168 schloss das Kloster von St. Laurentius mit seinem „Zwillingskloster" St. Jacob einen Bruderschaftsbund. Zu den Unterzeichnern des Dokuments zählte auch Reiner. Der Bund wurde erklärtermaßen zum Zweck der Verstärkung der brüderlichen Liebe unter den Mönchen beider Klöster geschlossen:

> „... *propter augmentum dilecte fraternitatis vel fraterne dilectionis...*" (46).

Die eigentliche Absicht hinter dem Verbrüderungsakt mag allerdings sehr konkreter Natur gewesen sein und auf die Unterstützung des Klosters St. Jacob durch St. Laurentius abgezielt haben: St. Jacob war in eine schwere langanhaltende Wirtschafts- und Führungskrise geraten, aus der es sich aus eigener Kraft nicht mehr heraushelfen konnte. Vermutlich war die Krise eine Nachwirkung der großen Not, die zwei Jahrzehnte zuvor in der Region von Lüttich geherrscht hatte. So ist in den Annalen von St. Jacob unter dem Jahr 1146 eine schwere Hungersnot verzeichnet, die unter den Menschen allgemeine Verwirrung stiftete, wie der folgende Eintrag bezeugt:

> „*Fames inaudita ... Predicatur populus et a Rudolpho propheta cruciatur. Visa et signa mendacii creduntur*" (47).

Eine neue große Hungersnot wurde wiederum unter dem Jahr 1151 verzeichnet, die eine hohe Sterblichkeit in der Bevölkerung zur Folge hatte (48).

Zu diesen Hungersnöten kamen noch beunruhigende kosmische Erscheinungen hinzu: Im Jahre 1147 hatte sich für viele Stunden die Sonne rot gefärbt. Dieses Phänomen wurde als Vorbote des großen Vergießens von Christenblut gedeutet, das sich während des gegenwärtigen Kreuzzuges ereignen sollte. Dieses Ereignis wurde ebenfalls in den Annalen von St. Jacob notiert:

> „7. Kal. Nov. in dominica solis deliquium ... erubescente sole videre tantum sanguinem christianorum qui fundendus erat" (49).

Kosmische Erscheinungen wurden auch im Jahrzehnt zuvor beobachtet und vermerkt: In den Jahren 1132 und 1144 wurde die Erscheinung eines Kometen notiert: „Cometes apparuit/ardet."

Das größte, furchteinflößende kosmische Ereignis jedoch wurde unter dem Jahr 1133 verzeichnet: Während einer totalen Sonnenfinsternis waren in der Tagesmitte am Himmel der Mond und Sterne sichtbar geworden:

> „4. Non. Aug. facta est eclipsis solis horribiliter circa meridiem, apparente luna contra orbem solis, micantibus stellis prae magnitudine tenebrarum" (50).

6. Die für Reiners Werke relevanten Bibliotheksbestände von St. Laurentius im 13. Jhd.

Ein Einfluß dieser genannten Ereignisse auf Reiners Persönlichkeit und sein Werk kann nicht ausgeschlossen werden, da sie zum Teil von Pessimismus, Furcht vor Gottes Zorn, Todesfurcht und dem Gefühl der Hilflosigkeit gezeichnet sind. Besonders deutlich lassen sich diese Züge in seinen *Libri Lacrymarum* ausmachen sowie in einem gewissen Maße auch im vorliegenden Visionsbericht.

Andererseits aber sind sicher auch Einflüsse geistlicher und intellektueller Natur aufzuspüren, die bei der Prägung der Persönlichkeit Reiners und seiner Geisteshaltung, wie sie sich auch im vorliegenden Text darstellen, mitgewirkt haben mögen.

Als eventuelle Einflüsse wären hier die Werke zu nennen, zu denen Reiner unmittelbaren Zugang hatte. Das sind sowohl die Bücher, die sich in der Bibliothek von St. Laurentius befanden als auch jene, die er sich aus der Bibliothek des „Zwillingsklosters" St. Jacob oder aus Bibliotheken der Klöster der Umgebung ausleihen konnte.

Von den in St. Laurentius vorhandenen Werken waren ohne Zweifel verschiedene dazu angetan, Reiners eschatologische Vorstellungen zu prägen und ihn mit ihren Bildern zu inspirieren. Hier können u. a. zwei für die vorliegende Vision relevante Werke Gregorius' I., die *Libri Dialogorum quattuor* (Gessler, II/36, S. 117) sowie die *Moralia in Iob* (Gessler, II/31–34, S. 116) in Frage kommen. Wie die Werke Gregorius' I. waren auch Hieronymus' Schriften in der Bibliothek des Klosters gut vertreten. Von diesen standen Reiner die für den vorliegenden Text relevanten *Epistolae* und sein *Commentarium in Isaiam* zur Verfügung (Gessler, II/4, S. 112). Möglicherweise konnte Reiner auch vom *Liber Sententiarum* Petrus' Lombardus

Gebrauch machen, der lt. Gessler schon bald nach dem Tode Petrus' (1160) in einem Dutzend Bibliotheken vorhanden gewesen sei (Gessler, II/101, Note 101, S. 126).

In Reiners Werken finden sich Zitate aus Horatius und Vergilius, die auch von Rupert von Deutz häufig benutzt wurden. Zu ihrer Zeit befand sich in der Klosterbibliothek eine Handschrift aus dem 11. Jhd. mit Vergilius' Werken (Gessler, I/28, S. 110).

Zitate aus weiteren römischen Dichtern und Autoren in Reiners Schriften nennt H. Silvestre und führt dazu u. a. die Werke des Juvenalis, Suetonius und Chalcidius an (51). Auch Plinius' *Naturalis Historia* war Reiner geläufig, wie aus seiner Schilderung des Abts Wazelinus II. hervorgeht, dessen Eigenschaften er denen des Phönix gleichstellt (52).

Weiterhin wären Reiners Vertrautheit mit den antiken Mythologien und seine Kenntnis der Geschichte der Spätantike zu erwähnen (53). Er stellt sie unter Beweis u. a. in seiner *Vita Wolbodonis*, in der er einen langen Abschnitt aus der an Kaiser Theodosius gerichteten Epistel des Symmachus zitiert (54). Auch Anklänge an den römischen Philosophen Boethius fehlen nicht in Reiners Werk, auf dessen *Consolatio Philosophiae* er in seinem Spätwerk *De casu fulminis* anspielt (55).

Seinen klaren Prosastil hatte Reiner wohl Gelegenheit, sich auch anhand des Handbuches zur römischen Rhetorik *Ad Herennium* (Gessler, I/17, 18, S. 108) anzueignen.

Auf dem Gebiet der Mathematik und Kosmologie mochte Reiner seinen Neigungen u. a. mit der Schrift Boethius', der *Geometrica* (Gessler, I/24, S. 109) sowie mit Bedas *Liber de temporibus* nachgegangen sein (Gessler, I/33, S. 110) wie auch mit dem *Liber minutiarum*, einer Schrift über Arithmetik und Astronomie eines unbekannten Verfassers (Gessler, I/41, Note 41, S. 111–112).

In Fragen der spirituellen Aspekte der Kosmologie könnten Reiners Auffassungen vom *Commentarium in somnium Scipionis* Macrobius' geprägt worden sein, von dem zu Reiners Zeit je eine Handschrift aus dem 11. und 12. Jhd. im Kloster vorhanden war (Gessler, I/25, Note 25, S. 109).

Als indirekte Anregung für die Abfassung seines Autorenkatalogs mag das Werk *De illustribus viris* von dem römischen Autor Gennadius (5. Jhd.) gedient haben (Gessler, II/116, S. 129). Jedoch hatte Reiner in diesem Fall mit dem Autorenkatalog Sigeberts von Gembloux des Titels *De viris illustribus* wohl eher ein weit näheres Beispiel vor Augen. Dieses Werk war zwar im Bibliothekskatalog des 12. und 13. Jhds. nicht verzeichnet, doch kann davon ausgegangen werden, daß es Reiner bekannt war.

An theologischen Schriften der ersten Hälfte des 12. Jhds. waren Reiner in der Klosterbibliothek zugänglich Werke von Yvo von Chartres (Gessler, II/97, S. 125), Hugo von St. Viktor (Gessler, II/93–94, S. 125, 102, 126);

Bernhard von Clairvaux (Gessler, II/81, S. 95, 124, 125, 130), sowie von Rupert von Deutz. Dieser war mit insgesamt 15 Werken der in der Kloster-bibliothek am besten vertretene Autor aus St. Laurentius.

Diejenigen der hier erwähnten Werke, die im Bibliothekskatalog des 11. und 12. Jhds. nicht aufgeführt waren, haben sich zur Zeit Reiners mit größ-ter Wahrscheinlichkeit zusammen mit den Liturgiebüchern des Klosters in der „kleinen Bibliothek" von St. Laurentius befunden. Dazu sei bemerkt, daß von den „kleinen" Bibliotheken der Klöster gemeinhin kein Katalog erstellt wurde, was offensichtlich auch für St. Laurentius galt.

II. Der Visionsbericht und die Textzeugen

Der Visionsbericht ist uns in zwei unkritischen Ausgaben zugänglich sowie in drei Handschriften aus dem 15. Jhd. (im folgenden Hss. A, B, C) des heutigen belgischen Raumes, von denen bisher nur Hs. A bekannt war. Hss. A und B stammen aus dem Kloster von St. Laurentius in Lüttich, Hs. C dagegen aus dem Kloster von Korssendonck, in der Region der Stadt Turnhout gelegen.

1. Die Erstausgabe des Visionsberichtes

Bei den beiden unkritischen Textausgaben handelt es sich zum einen um eine *editio princeps*, die i. J. 1722 im *Thesaurus Anecdotorum Novissimus* IV,1 von dem Benediktiner Bernhard Pezius aufgrund einer im Kloster von St. Laurentius angefertigten Abschrift herausgegeben wurde und zum anderen um einen späterhin in der *Patrologia Latina* veröffentlichten Neudruck der Erstausgabe. Die Fassung der Erstausgabe wurde in der *Patrologia Latina* bis auf die Explicit-Formel unverändert übernommen.

a) Die Entstehung der Erstausgabe

Die *editio princeps* ist Teil eines von Pezius initiierten umfassenden Projekts, das die Begründung einer *Bibliotheca Benedictina Generalis* zum Ziel hatte, d. h. einer Sammlung aller von Autoren des Benediktinerordens abgefaßten Werke (1). Im Zuge der Vorbereitungen wandte sich Pezius an alle Bibliothekare der Benediktinerklöster, ihm Abschriften von den Werken ihrer hauseigenen Schriftsteller zugehen zu lassen.

Diesem Aufruf folgte der damalige Bibliothekar von St. Laurentius, Coelestinus Lombardus mit der Zusicherung seiner Unterstützung, wie aus seinem Brief vom 10.1.1719 hervorgeht, in dem er auch mitteilt, die Handschriften der bedeutendsten Autoren seines Klosters aus alten Büchern zusammengestellt und durchgesehen zu haben:

> „Hinc est quod vetustissimos Bibliothecae nostrae San-Laurentianae Codices et antiqua monumenta studiose percurrendo clariores abbatiae nostrae scriptores collegerim, illosque ad ... transmittendos censuerim...“ (2).

Letztendlich gelangte das Projekt der *Bibliotheca Benedictina Generalis* nicht zur Durchführung, jedoch fanden die von Lombardus hergestellten Abschriften als Erstdruck Aufnahme in Pezius' *Thesaurus Anecd. Nov.* (s.o.).

Die von Lombardus angefertigte Abschrift des Visionsberichtes erscheint als Erstausgabe im *Thesaurus* unter dem Titel *(Beati Joannis monachi S. Laurentii Leodii, Ord. S. Bened.) „Visio status animarum post mortem et miraculum S. Laurentii Martyris"*, gefolgt von dem Untertitel: *„Visio cujusdam monachi de statu animarum post mortem"*.

Dem Text stellt Pezius eine Einleitung voran, in der er die Herkunft des Werkes und Lombardus als dessen „Entdecker" bezeichnet:

> *„... ex Ms. Cod. Inclyti monasterii Sancti Laurentii Leodiensis."*
>
> *„... opusculum ... erutum a P. Coelestino Lombardo eiusdem loci Bibliothecario"* (3).

Er beschließt die Einleitung mit dem Hinweis, daß der Visionsbericht das einzige im Kloster von Johannes noch vorhandene Werk sei.

Dieser Hinweis Pezius' stützt sich auf *das Specimen Bibliothecae Laurentianae,* ein von Lombardus verfaßtes Werk, das sich als Handschrift heute in der Bibliothek des ehemaligen Benediktinerklosters Melk in Österreich befindet und eine Bearbeitung und Fortsetzung des von Reiner verfaßten Autorenkatalogs darstellt. In seinem *Specimen* gibt Lombardus u. a. Auskunft über die Handschriftensituation von verschiedenen, in Reiners Katalog erwähnten Werken, darunter auch über den vorliegenden Visionsbericht. Lombardus bezeugt, dieses Werk unter den Handschriften von St. Laurentius selbst entdeckt zu haben, woraufhin dann die Erstausgabe bei Pezius erfolgte:

> *„Hoc opusculum ex ms. Codice Bibliothecae nostrae a me erutum prodiit primum in lucem curante erudite Domno Bernardo Pezio Mellicensis Monasterii ord. S. Benedicti in Austria Bibliothecario anno 1722"* (4).

Diesem Text widmet Lombardus in der Besprechung der verschiedenen Werke auffallend breiten Raum und zitiert weite Passagen daraus. Dabei erwähnt er u. a. auch das Vorhandensein dieses Werkes unter zwei Überschriften:

> *„... quod opusculum sub duplici extat titulo:*
>
> 1 o *hunc profert: Visio cuiusdam Monachi – de statu animarum post Mortem;*
> 2 o *Visio et Miraculum Sancti Laurentii Martyris quo plurima memoratu Digna sibi Evenisse testator Johannes presbyter et monachus."*

Schon an dieser Stelle sei vorausgeschickt, daß die Handschriften mit diesen beiden Überschriften nicht eruiert werden konnten. In der hier vorliegenden kritischen Textedition werden die genannten Titel als einzige Zeugen dieser sonst unbekannten Handschriften mit *Version Y und Z* bezeichnet werden.

In der Erstausgabe des Visionstextes findet sich eine einzige Randglosse, die von Lombardus in seiner Abschrift aus Hs. A übernommen und von ihm durch die folgende Ergänzung aktualisiert wurde:

> Randglosse in Hs. A: „*Hoc est in Wasega pago ibi solebat esse ecclesiola sancti Mauritii...*", während die zusätzliche Anmerkung Lombardus' lautet:
> „*Hoc est in Wasega pago, in Namurcensi comitatu sito, ubi erat ecclesiola sub titulo Sancti Mauritii, praedium istud adhuc nostrae Ecclesiae subditur.* "

Die Erstausgabe des Visionstextes schließt mit der Formel:

> „ *Explicit visio monachi cuiusdam de statu animarum post mortem.* "

b) Das Zeugnis in den *Acta Sanctorum*

Erwähnenswert im Kontext mit den sekundären Textzeugen ist ein von Johannes Pinius SJ über den Hl. Laurentius verfaßtes Kapitel in den *Acta Sanctorum*, Aug. II. (10.8.) (5). Hier berichtet Pinius von einer Abschrift des Visionstextes, die anläßlich einer Bibliotheksreise von dem Bollandisten Daniel Papebroch in St. Laurentius angefertigt wurde:

> „*Inter supellectilem nostrum litterarium de S. Laurentio, extat apographum hoc titulo, manu nostri Papebrochii adscripto: ,Ex Passionali Ms pro Iunio et Iulio monasterii S. Laurentii Leodii, Visio et miraculum S. Laurentii'*" (6).

Aufgrund der Bezeichnung des Liturgiebuches wie auch des Titels des Visionstextes konnte die Vorlage der Abschrift Papebrochs mit Hs. B identifiziert werden.

Desgleichen erwähnt Pinius in diesem Zusammenhang die von Pezius herausgegebene *editio princeps* unter Zitierung ihrer genauen Textüberschrift:

> (*Res gesta Thesauro anecdotorum novissimus quem non ita pridem vulgavit Bernardus Pezius ex Ordine S. Bened., inseritur... sub hoc titulo:*)
> „**Beati Ioannis monachi S. Laurentii Leodii, Ord. S. Bened., visio de statu animarum post mortem et miraculum S. Laurentii M[artyris]**" (7).

Aus dem Visionstext selbst zitiert Pinius mehr als zwei Kapitel. Ein Abgleich zwischen dem Text bei Pinius und Pezius' Erstausgabe ergab, soweit es die bei Pinius zitierten Kapitel angeht, eine annähernd vollkommene Übereinstimmung beider Texte.

2. Die Handschriften A, B und C

Die auf uns gekommenen Handschriften des Visionsberichts weisen gemeinsame Züge auf: Alle drei bilden einen Teil von klösterlichen Liturgiebüchern.

Beschreibung der Handschriften

Hs. A, aus dem Jahre 1428 und Hs. B, aus dem Jahre 1480, stammen, wie schon erwähnt, aus dem Kloster von St. Laurentius in Lüttich, dem Kloster, in dem die Vision des Johannes geschaut, aufgeschrieben und zu dem vorliegenden Bericht einer Jenseitsreise bearbeitet wurde.

Hs. C, aus dem Jahre 1490, dagegen stammt aus der Gemeinde der augustinischen Kanoniker von Korssendonck in der Nähe der Stadt Turnhout.

Alle drei Handschriften befanden sich bis zur Auflösung dieser Klöster im 18. Jhd. durchgehend im Besitz des Klosters, in dem sie geschrieben wurden, und nur Hs. C war in den Jahren von 1577 bis 1617 aus Gründen der Sicherheit ausgelagert, um danach wieder nach Korssendonck zurückzukehren.

Die Gemeinde Korssendonck wurde im Jahre 1784 im Zuge der Säkularisierungspolitik Josephs II. aufgelöst und ein Teil der Bibliotheksbestände, darunter auch Hs. C, i. J. 1785 nach Brüssel in die Bibliothek der *École central de la Dyle* verbracht. Von dort gelangte die Handschrift i. J. 1795/96 in die Pariser Nationalbibliothek.

Das Ende des Klosters von St. Laurentius dagegen wurde i. J. 1794 in der Folge seiner Beschlagnahme durch die französische Armee herbeigeführt und seine Bibliotheksbestände, darunter auch Hss. A und B, zum großen Teil ebenfalls in die Pariser Nationalbibliothek verbracht.

Eine große Anzahl dieser Handschriften wurde im Jahre 1815 von der französischen Regierung an die Vereinigten Niederlande rückübereignet. Auf diesem Wege gelangten auch die Hss. A, B und C in die Burgundische Bibliothek in Brüssel, die i. J. 1838 der Königlichen Bibliothek als Handschriftenabteilung angegliedert wurde, wo sie sich unter der folgenden Signatur bis heute befinden:

Hs. A – Sign. Ms Bruxelles, BR 9332–46; Text: foll. 171r–174v;
Hs. B – Sign. Ms Bruxelles, BR 9291; Text: foll. 4v–7v;
Hs. C – Sign. Ms Bruxelles, BR 858–61, 1638–49; Text: foll. 43r–45v.

Der Einband von Hss. A und B wurde während ihres Aufenthaltes in der Pariser Nationalbibliothek und danach von der Königlichen Bibliothek in Brüssel teilerneuert, während Hs. C im Originalzustand erhalten ist. Alle drei Legendarien sind in sehr gutem Zustand.

Bei Hs. A weist der Titel auf dem Buchrücken auf den Inhalt des einbändigen Legendariums hin: *„Varia ad sanctum Laurentium."*

Hs. B trägt mit der Überschrift *„Legendae Sanctorum Pars 2Da"* einen neutralen Titel und weist diesen Band als den zweiten Teil eines mehrteiligen Legendariums aus. Ein Hinweis auf die ursprüngliche Anzahl der Bände fehlt.

Hs. C dagegen ist der erste Band eines mehrteiligen Legendariums. Er trägt auf der Vorderseite den Titel

„Prima pars diversarum legendarium in Korssendonck".

Neben dem ersten Band, der auch den Visionstext enthält, ist hier nur noch der vierte erhalten. Auch bei diesem Legendarium fehlen Hinweise auf die ursprüngliche Anzahl der Bände.

Handelt es sich bei den Hss. A und B um Pergament-Kodizes, ist Hs. C teils auf Papier, teils auf Pergament geschrieben, welcher Teil auch den Visionstext enthält.

Hss. A und B sind, ebenso wie Hs. C, in gotischer Textuale, in zwei Kolumnen geschrieben. Besonders Hs. B zeichnet sich durch große Sorgfalt der Schrift aus.

An Hs. A wurden Ende des 15. Jhs. von Adrianus Veteribosco (Oudenbosch [bis 1483]), dem damaligen Bibliothekar von St. Laurentius, Korrekturen vorgenommen und zwei Randglossen angebracht, von denen eine in Lombardus' *Specimen* übernommen und aktualisiert wurde (s. o.). Die zweite Randglosse Adrians bildet eine Ergänzung der Incipit-Formel durch Angaben von Einzelheiten zur Person des Visionärs:

„[In illo tempore frater erat in cenobio beati Laurentii] Johannes nomine, frater Gisleberti, qui de pluribus sanctis cantus composuit."

In Hs. A bezeugt die Titelüberschrift des Visionstextes (und vieler anderer Texte des Legendariums) *Item aliud miraculum* die Art des liturgischen Buches: Es ist eine Sammlung von Erzählungen von Wundern mit einem Bezug zum Hl. Laurentius.

Diese Handschrift weist auch als einzige der drei Handschriften eine Explicit-Formel auf, die eine Ergänzung der neutral gehaltenen Titelüberschrift *„Item aliud miraculum"* bildet:

„Explicit visio monachi cuiusdam de statu animarum post mortem."

In Hs. B ist die Titelüberschrift mit *Visio et miraculum sancti Laurentii* neutral gehalten. Doch macht hier die Incipit-Formel im Text Angaben zur Person des Visionärs (s. o.), die einen integralen Teil des Visionstextes bilden; sie sind identisch mit der Randglosse Adrians in Hs. A:

„In illo tempore frater erat in hoc cenobio beati Laurentii Johannes nomine, frater Gisleberti monachi, qui de pluribus sanctis cantus composuit."

In Hs. C bezeichnet die Titelüberschrift den vorliegenden Text als *visio pulcherrima* und gibt auch in kurzer Formulierung das Hauptthema an:

„... de statu animarum post mortem".

Mit der Erwähnung des Visionärs als „*frater erat in cenobio beati lauren-tii...*" ist die Incipit-Formel neutral gehalten.

Alle drei Handschriften sind vollständig, d. h. es ließ sich kein Fehlen von Seiten nachweisen. Zu Hs. A muß jedoch bemerkt werden, daß die Seiten mit dem Visionstext eine eigene Lage bilden, was die Vermutung nahelegen läßt, daß diese Lage – die letzte in diesem Codex – ursprünglich nicht zu diesem Band gehört hatte, sondern zu einem unbekannten Zeitpunkt nach-träglich eingefügt wurde.

Die Kopisten von Hss. A und C gehörten in den Niederlanden zu den bedeutendsten ihrer Zeit.

Für Hs. A ist es Johannes von Stavelot (Jean de Stavelot/Johannes Stabu-lensis/Johannes de Stabulo), der auch als Buchmaler hervortrat, wie seine reichen Illuminationen in Hs. A bezeugen. Jedoch ließen sich in dem Visi-onstext noch zwei weitere, anonyme Kopisten ausmachen, so daß insgesamt drei Kopisten an der Abschrift des Werkes arbeiteten.

Für Hs. C zeichnet der Kopist Anthonius de Bergis (Anth. van Bergen), während sich der Kopist von Hs. B nicht eindeutig bestimmen ließ.

Zum Gesamteindruck der drei Handschriften ist zu bemerken, daß sich Hss. A und B durch eine im Vergleich zu Hs. C aufwendigere Ausstattung und Schriftqualität auszeichnen. Bei den Handschriften aus St. Laurentius ist die Schrift von Hs. B von durchgehend gleichbleibender kalligraphischer Qualität.

Hinsichtlich der Fehler und Korrekturen ist ein wesentlicher Unterschied zwischen Hss. A und B gegenüber Hs. C auffallend; letztere weist die größte Anzahl von Korrekturen und unkorrigierter Fehler auf.

Geringfügige Unterschiede diesbezüglich ließen sich aber auch zwischen Hs. A und Hs. B ausmachen: Hs. A weist neben zahlreichen Korrekturen einige unkorrigierte Fehler auf. Des Weiteren befindet sich in Hs. A zwi-schen fol. 171va 23 und 171 vb 13 ein aus dem Visionstext an falscher Stelle eingefügter Abschnitt (s. Text, S. 60).

In Hs. B waren keine Korrekturen festzustellen, aber auch hier sind meh-rere Fehler unkorrigiert geblieben.

In der Struktur des Textes, wie sie in der Aufteilung in Satzperioden und Absätze zum Ausdruck kommt, wurden zwischen den drei Handschriften keine Unterschiede festgestellt.

Abschließend läßt sich noch bemerken, daß alle drei Handschriften in der Orthografie, der Interpunktion sowie in der Verwendung von Kürzun-gen keine nennenswerten Unterschiede aufweisen.

Außer den Hss. A, B und C ließen sich keine weiteren Handschriften eruieren, ebenso konnten weder weitere Sekundärzeugen des Visionstextes noch Wiegendrucke von ihm ausgemacht werden.

Von dem oben Gesagten läßt sich herleiten, daß die hier vorgestellten Textzeugen – primäre wie sekundäre – die einzigen vom Visionstext noch vorhandenen Zeugen darstellen.

Weiterhin läßt sich aus dem oben Dargelegten feststellen, daß die Textüberlieferung auf den Rahmen religiöser Literatur beschränkt ist. Dies gilt sowohl für die erhaltenen Handschriften als auch für die sekundären Textzeugen, wie sie in der Erstausgabe und ihrem Nachdruck überliefert sind.

III. Die Erstellung der kritischen Edition

Die Auswertung der in der Handschriftenbeschreibung angeführten Details ermöglicht die Nachzeichnung der Beziehung der Handschriften zueinander.
Die entscheidenden Details hierzu liefern:

a) die unterschiedlichen Textüberschriften sowohl der Handschriften als auch der sekundären Textzeugen;
b) die unterschiedlichen Incipit-Formeln;
c) die Randglossen in Hs. A.

1. Die Beziehung der Handschriften zueinander

Es bietet sich nun ein Bild, nach dem die drei auf uns gekommenen Handschriften des Visionsberichtes voneinander unabhängig sind.

Den Archetypus der Handschriften A, B und C bildete aller Wahrscheinlichkeit nach *Version Y*, eine frühe Handschrift aus St. Laurentius, von der nur die Überschrift bekannt ist (s. *Specimen* des Lombardus).

Dies vorausgesetzt, konnte bei Hs. B eine direkte Abhängigkeit von *Version Y* ausgemacht werden.

Ebenfalls abhängig von *Version Y* ist *Version Z*, die ihrerseits als Vorlage für Hss. A und C diente.

Somit läßt sich folgende Stemma erstellen:

$$
\begin{array}{ccc}
& Y & \\
\swarrow & & \searrow \\
B & & Z \\
& \swarrow & \searrow \\
& A & C
\end{array}
$$

Aufgrund ihrer Abhängigkeit von *Version Y* wurde Hs. B als Grundlage für die Erstellung des kritischen Textes herangezogen.

2. Bemerkungen zur Orthografie und Interpunktion

Bei der Erstellung des Textes wurde die Orthografie vereinheitlicht und die Satzzeichen der modernen Zeichensetzung angepaßt, dabei sollten aber die Charakteristiken der ursprünglichen Schreibweisen so weit wie möglich erhalten bleiben.

Im Folgenden die Regeln der Orthografie und der Interpunktion, die in der kritischen Textausgabe Anwendung fanden:

Die Orts- und Eigennamen erscheinen in Großbuchstaben.

Der unregelmäßige Gebrauch von -i und -j vor den Vokalen -a, -o, -u wurde beibehalten.

Ebenso wurden beibehalten der Gebrauch von -y statt -i, die Auslassung des -e bei den Diphtongen -ae/-oe, der Gebrauch von -f statt -ph, der Einschub von -p zwischen den Konsonanten -m und -n; desgleichen wurde die Schreibweise *michi* für *mihi* beibehalten.

Die Schreibweise von -t vor den Vokalpaaren -ia/-io wurde vereinheitlicht, ebenso -u vor Konsonanten und -v vor Vokalen.

Die mittelalterliche Schreibweise wurde der klassischen angepaßt, wie z. B. *exspectans, intolerabilis, aeris, chlamys, harmonia, opportunus, sphaera.*

Die Einteilung des Textes in Sätze, wie sie sich in den Handschriften vorfindet, wurde unverändert übernommen. Demgegenüber wurde die innere, ursprüngliche periodische Einteilung der Sätze modernem Verständnis angepaßt.

IV. Die kritische Edition des Visionsberichtes

Visio et miraculum (1) *sancti Laurentii martyris* (2) *quo*
plurima memoratu digna (3) *sibi evenisse testatur*
Johannes (4) *presbyter* (5) *et monachus*[1]

In illo tempore[2] (6) frater erat in hoc[3] cenobio beati Laurentii (7), Johannes
nomine, frater Gisleberti monachi, qui de pluribus sanctis cantus composuit[4]; cui ex incautela flebothomie (8) accensio[5] ardencium febrium sanguine
inflammavit cerebrum (9). Cum per quatriduum languor cresceret (10),
natalis beati Martini episcopi[6] supervenit dies (11). Jussu ergo abbatis sui,
deportatus est in cellulam secreteriorem (12). Et cum clangentibus signis ad
vespertine laudis[7] officium (13) omnes[8] concurrerent, solus ibidem in lectulo[9] suo relictus est, putantibus his qui eum custodire susceperant, quod
obdormisset (14). Ille autem factus in extasi[10], id est excessu mentis (15),
vidit se quasi in quodam vestibulo (16) stare; cui ante oculos pictura obtendebatur (17). Videbat ergo supra crucifixionem domini digestam, infra vero
de gestis Sampsonis mortem eius ruinamque domus[11]. Cum hec attenderet,
quasi supra verticem sentiebat stare personam tenentem in manu radium
eburneum (18), et hanc rationem[12] habentem cum circumstantibus quibusdam (19): „O quam delectabile et jocundum divinis rebus intendere animum
(20); quoniam proficuum sapientes quique in talium gestorum materia
(21) possent tenere studium[13] et ad utilitatem animarum[14] suarum dare

---

1 Visio ... monachus *sic* Y; Visio cuiusdam monachi de statu animarum post
   mortem Z; Item aliud miraculum A; Visio et miraculum sancti Laurentii B; Visio
   pulcherrima unius monachi sancti Laurentii de statu animarum post mortem C;
2 *deest* C;
3 *deest* A, C;
4 Johannes ... composuit: *in marg. add.* A; *deest* C;
5 accenso B;
6 martyris Laurentii *corr.* Martini episcopi A;
7 laudes A;
8 omnis A;
9 lecto *corr.* lectulo A;
10 inextasi B; excessu mentis *corr.* extasi id est A;
11 domus ruinamque C;
12 rationem hanc *omnes.*
13 stadium C;
14 et ad utilitatem animarum *bis scrip.* C;

pulchritudinis eloquium (22). Hanc intentionem et hoc studium iste habere debuisset si sue anime salutem[15] suorumque fratrum utilitatem cordi habuisset[16] (23). Audiebat ille frater hec[17] venitque ei in mente<m>[18], quod beatus Laurentius esset. Itaque stabat attonitus, expectans quid amplius loqueretur. Beatus ergo martyr radium quem manu tenebat intentans ejus capiti (24), sic[19] ait: „Quis ex omnibus sanctis majora tibi bona contulit? Sub cujus umbraculo magis[20] profecisti? Quis aluit? Quis docuit? Quis deo servire te posuit? Fatere, inquam, si non vis ex presenti infirmitate finire vitam." Ad hec ille intremuit. „Et quid", ait, „respondere possum, qui tam tristia incipio audire? Quid boni de cetero potero sperare? Beatus equidem Laurentius patronus meus est (25); ille me puerum suscepit (26), ipse[21] nutrivit et docuit et pre omnibus sanctis gratias debeo illi." Cum hec dixisset, subvenit[22] ei in mente<m>[23], ne forte illusio esset quod videbat, cepitque frontem suam signo crucis armare (27). Ad hec beatus martyr Laurentius[24]: „Non, frater, fantasmate deluderis; et nobis familiare est signum crucis. Signo crucis deus per nos dignatus est plura operari."

Hiis auditis frater ille miserantibus eum cunctis circumstantibus[25] ad genua eius est prostratus, clamans et petens eius misericordiam. Tunc benignissimus[26] beatus martyr Laurentius[27] ad voluntatem circumstantium flexus est et iacentem virgula tangens (28): „Spera", ait, „et diffidere noli. Quoquomodo hactenus vixeris[28] aut quid egeris, interim omittetur discuti; et tot annis[29] vita in corpore prolongabitur tibi (29). Ego inspector et testis adero (30) quoquomodo de die in diem tua perficietur correctio, tue salutis sollicitudo, negligentia<ar>umque[30] (31) oportuna et modesta admonitio. Horum, inquam, omnium testis adero, et si frustra fuerit ista

---

15 solum *corr.* salutem *A*;
16 Hanc intentionem ... habuisset *deest C*;
17 hec ille frater *C*;
18 mente *omnes*;
19 dic *corr. add. A;* dic *C*;
20 *corrupt. corr.* magis *A;*
21 *deest A, C;*
22 venit *corr.* subvenit *A*;
23 mente *omnes*;
24 *deest C.*
25 constantibus *corr.* circumstantibus *A*;
26 beatus *corr. add.* benignissimus *A*;
27 *deest C;*
28 *deest C;*
29 tot inquam annis *add. C*;
30 negligentiumque *omnes*;

vite tue dilatio, terribilis negligentiarum et[31] contemptus tui examinator."[32]
Hiis verbis frater in spem reductus iamque presumens loqui et levare caput,
„Ecce", inquit, „domine mi, quanta infirmitate deprimor et, ut dicitur
michi, ardentium febrium dolore insanibili." „Quid de presenti salute", beatus Laurentius[33] patronus ait, „dubitas? Ex hoc nunc incommodo minime
morieris."[34] (32) Respondens autem frater suppliciter dixit: „Benedictionem
da super me, beatissime, <post quam>[35] non potero dubitare de salute."
Quam consecutus surrexit iamque confidens de gratia patroni sui, ad nutum
eius tantum preducem in altum sequi cepit (33). Sentiebatque se per aeris
spatia ascendere, presertim cum audiret adhuc duo maiora ecclesie signa ad
officium vespertinum sub se porro infra per maximum aeris spatium parili
sonitu clangere (34). Recognovit quid[36] esset advertitque, quod altissime per
nubila tinnitus ille transiret. Cum hoc[37] intenderet, non tamen oblivisce-
batur ascensionis sue beatumque patronum longissimo intervallo sequens,
aliquando non videbat; et cum se eum perdidisse timeret, prope ante se
sentiebat eum. Directo ergo tramite sursum videbatur ascensus esse, donec
ad circulum (35) pervenit, supra[38] quem mirabiliter stupens[39] hesit. Videbatur ei orbis ille[40] mirabili sonitu volvi (36), voxque resonabat dicens: „Quis
respondebit tribulanti?" (37) Sub illo orbe videbat aerem tenebrescere et de
deorsum quasi quasdam larvas <sursumversus>[41] subsilire (38). Sed cum
volventis supra[42] orbis sonum audirent[43] sicut deficit fumus deficiebant (39),
et secundum nomen dyaboli deorsum fluebant. Vox illa vel sonus quasi
ignis erat eis et quasi fulmen de celo terribilis. Videnti et admiranti fratri
recordatio facta est, quod venerabilis Beda dicit supra lunarem circulum
demonum prohiberi accessum (40). Cum et beati Pauli apostoli recordar-
etur dicentis: ‚Non est nobis colluctatio (41) adversus carnem et sanguinem,
sed adversus mundi rectores tenebrarum harum, contra spiritualia nequi-
tie in celestibus', cogitare[44] cepit, ne forte hoc esset interliminium arcens

---

31 vel C;
32 Item aliud miraculum … bene tecum erit *err. add. A*;
33 *deest A, C*;
34 morreris *A*;
35 postquam *omnes.*
36 *corrupt. A*;
37 hac *A, C*;
38 super *C*;
39 *deest B*;
40 *deest B*;
41 sursum versus *omnes*;
42 supra *bis script., alterum delet. A*;
43 audiret *C*;
44 recogitare *C*;

a[45] superis demonum[46] accessum. De verbo autem quod audierat ‚Quis respondebit tribulanti?' cum intellegere vellet sensum,[47] talem subito mente percepit intellectum: Vox illa contra demones est, querens quis deo resistere potest, vel respondere, id est, rationem cum eo[48] ponere? Tribulantem autem dicit* deum, quia demones neque iustum neque equum, sed fortem et pro fortitudine sua eos tribulantem sentiunt deum (42). Ecce autem a parte[49] orientali sedes longissima apparuit ei (43) intuenti, supra quam persone[50] sedebant in habitu monachali (44). Sedebant silentes et subtristes, et sine[51] suppedaneis eorum dependebant pedes. Semirase[52] et demisse eorum erant facies (45). Habebant sane pro consolatione maxima, quod in purgatoriis positi carebant visu et infestatione demonica[53], beatam spem retinentes de salvatione sua, consolati, quod eis sublustris[54] habitatio erat[55] in penitentia sua (46). Fuerunt quos ibi recognovit (47) quique eum viderunt, sed nec sede moveri (48) nec ei colloqui presumpserunt. Vidit et patrem sue carnis retro proiectum absolvi cathenis, quibus ligatus fuerat in carceralibus penis. Ibi diu frater substitit et de animabus quod nesciebat intellexit (49):

Due sunt egredientium animarum distributiones secundum meritorum diversitates, quibus tamen omnibus salus quandoque futura est. Sunt egredientes anime, que statim sub demonum rediguntur potestatem[56] (50), quibus in suis tormentis et cruciatibus insultant, minas dampnationemque sempiternam intentant. Harum penitentia animarum gravissima est, quia quamdiu hiis tortoribus tradite sunt, neque visitationem angelicam (51), neque lucem neque salutis spem habent aliquam; nec tamen in inferno inferiori demerse sunt.

Quibus post aliquod tempus et ereptio a demonum comitatu et penitentia levior in locis aliis indulgetur.

Agitur item purgatio animarum, que vel vite merito vel commendatione fidelium (52) vel beatissimorum patronorum interventu (53), quieta purgationis sue loca adipiscuntur. Harum sors beatissima est, quia et spes salutis

---

45 *corr. add. A;*
46 *deest B.*
47 sensum vellet *B;*
48 ea *corr. C;* * sc. vox;
49 parte *rasura* orientali *A;*
50 persone *rasura* sedebant *A;*
51 sub *C;*
52 dependebant. penes ~emirase *C;*
53 dominica *corr.* demonica *C;*
54 sub lustris *C;*
55 erit *A, B;*
56 potestate *A, C.*

et visitatio angelica pro tempore et lux eis non deest. Anime, quarum[57] felix penitentia est, quia sine demonibus agitur, cum nec eos vident nec ab eis territantur[58] (54) – suspicetur aliquis quid patiantur? Expendunt omnia, que egerunt in hac terra contra salutem suam, que minus egerunt in servitio dei per neglegentiam suam[59]. Quam vellent se hic caruisse viciis et obstitisse omnibus peccatis etiam minimis! Quam vellent omni tempore se astitisse divinis servitiis (55), nec defuisse saltem ullis momentis! Expendunt in fame et siti, quia hic indulserunt cibis et potibus in serviendo ventri, quibus solutum est vinculum timoris dei et laxata sunt frena noxie voluptati. Expendunt in nimio frigore, quia hic exarserunt in incentivo igne. Et ut paucis plurima advertantur, exsolvunt[60] passionibus diversis, quecumque hic peccaverunt affectibus illicitis. Suspirant, quod non admittuntur contemplationi divine (56), cui cum debuissent neglexerunt inherere. Unde nunc cum passiones sue[61] eas afficiunt, interim a contemplationis dulcedine suis amaritudinibus retrahunt ireque dei eas cogunt experiri flagellum. Sunt ergo oculi, id est, intentiones earum, ad dominum deum suum, donec misereatur et visitatione angelica solvat eas a passione sua. Beate enim anime, que passionibus carent, quia ad deum qui est fons vite sitiunt, quemadmodum desiderat cervus ad fontes aquarum (57).

Miserrime autem excipiuntur anime, que patronos suos, quibus in hac vita vel commisse sunt vel se commiserunt, pro quavis occasione – ut sunt animi hominum non pro[62] perfecta conversatione – desuerunt: quia aut demonibus committuntur, dum proprii patroni carent interventu, aut, si[63] parcitur eis, demonum tamen persecutionibus exponuntur. Est autem talis persecutio eorum, ut, licet miseris animabus non queant inferre cruciatum, non desistant tamen eis auferre omnem quietis locum vel in terra vel in mari, vel per aeris spatium.

Desiderant anime ad purgationem in hac terra posite (58) divinum sitienter[64] audire servitium. Quibus dolor intolerabilis est, cum infestatio vel timor vel insecutio demonum tam salubre earum confundunt[65] desiderium[66].

---

57 quorum *corr.* quarum C;
58 tarritantur C;
59 que minus egerunt ... neglegentiam suam *corr. add. in margin.* A;
60 exsolvant A, C;
61 suas *corr.* sue C.
62 *corr. add.* A;
63 non C;
64 sitierunt C;
65 confundit A, C;
66 sequitur *add.* A;

De duobus monachis frater idem datum audivit exemplum (59), ne quis leviter ducat proprium non habere patronum. Unus eorum subitanea et improvisa morte preventus (60) ad iudicium est raptus. Qui quamvis lubricitatis[67] obnoxius fuerit, maximi tamen patroni meruit patrocinio liberari. Et cum suis exigentibus peccatis dampnari debuisset, eius interventu (61), placato iudice, felici penitentie et placide purgationi absque demonum incursu traditus est. Alter vero propter animi sui impatientiam loco suo, id est patroni[68], pretulit alium, serviens ibi deo, non tamen culpe ducens sanctum quemquam preferre patrono (62). Excessit suo tempore et ipse. Qui procacitatis quidem lingue inter cetera reus, sed quod pro nichilo deputaverat, sui proprii defensione patroni destitutus, deputatus est cum miseris, quorum penitentie sors gravissima agitur sub infestatione demonica, numerusque annorum illi prolongatus est multum.

Cum hec et alia de distributionibus animarum didicisset frater, magni ductoris sui recordatus, secutus est preeuntem intellexitque non eum solum esse, sed se preter eum nullum videre. Erat autem ibi claritas maxima, ad quam eius pene caligabat anima (63). Cum ergo ante se beatum patronum sentiret, nam frequentius eum sentiebat quam videbat, cogitationi eius incidit querere ab eo de concentu celi, an audire posset quod legerat in scripturis (64). Cuius cogitationi respondens maximus ductor ait (65): „Sustine, frater! Quod queris ymaginabitur[69] tibi paulisper." Qui expectans promissam <h>armoniam[70], vidit ante oculos erectam[71] maximam sp<h>heram[72]. Erat autem coloris aurei – non adeo rotunda, sed longa et ductilis; cuius magnitudo erat quasi longitudo et latitudo alicuius maximi templi (66), preter quod in templo quadratura est, non rotunditas; que rotunditas, licet duplo longior quam latior, in illa celestis orbis effigiatione apparebat; volvebatur celeritate grandi. De cuius inferiori vertice, qui erat acclinis polo australi, resonare ceperunt vocule modo mirabili (67) quasi de fistulis <a>eris[73] (68), si forte consonarent[74] cytharedis cytharizantibus in cytharis suis. Et cum huic concentui paulatim reboanti delectabiliter intenderet, repente a superiori vertice volventis sp<h>ere[75] similes reddi ceperunt voces. Consonabant ergo voces vocibus conficientes concentum, qualem non possunt estimare

---

67   lubricitati **B**;
68   id est patroni *corr. add. A; deest B, C.*
69   magnificabitur *corr.* ymaginabitur **A**;
70   armoniam *omnes*;
71   creatam **C**;
72   speram *omnes*;
73   exissent **C**; eris **A, B**;
74   resonarent **C**;
75   spere *omnes*;

vel cogitare mentes hominum. Cumque coniubilatio illa paulatim resulta-
ret et anima, que hanc audiebat, ineffabili affectu[76] rapi cepisset, repente
perceptus[77] sonus et sp<h>eralis effigies conticuit et disparuit. Piissimus
atque ductor, fratrem regressurum alloquens, ait: „Esto tui sollicitus et
devita[78] opprimi nimiis[79] occupationibus nisi sit causa inevitabilis (69); quia
si iniuncta possis recte exequi, premissa semper sollicitudine divini servitii,
bene tecum erit. Cum descendes[80] per spatium aeris, si de ductore tuo ubi sit
requiraris[81], responde, quod sanctus Laurentius ductor tuus sit; et si demones te terrere[82] ceperint suis fantasiis, eius nomen[83] in faciem inclama illis."
(70) His dictis disparuit.

Iam paululum semotus frater versus orientem intendit viditque equites
econtra venientes; respondit ei statim cogitatio, quod sanctus Mauritius
(71) esset, qui tali specie apparebat, appropinquante eo cum suis comitibus,
quorum non attendit numerum, sex tamen aut octo esse potuerunt. Factus
est certissimus frater, quod sanctus Mauritius esset, reverenterque accedens,
presumpta fiducia dixit eis: „O quanta fortitudo vobis erat in tante pro-
ceritatis et integre iuventutis corporibus, milites Christi, quoniam viriliter
inimicis resistere et victoriam ex ydolatris consequi potuissetis, si armis
materialibus placuisset uti!" Ad hec dux placidissimus hylari vultu: „Quid,
frater", inquit, „nonne victoriam de inimicis[84] rite[85] sumus consecuti? Nulla
nobis victoria clarior et laude dignior esse potuit[86] quam inimicum sua
manu prosternere et morte corporis vitam anime acquirere." Erat autem
c<h>lamide[87] purpurea indutus (72). Quam cum frater idem diu intueretur,
ait beatus[88] Mauritius: „Hac veste[89], quam sic inspicis, milites nostri tem-
poris discernebantur a popularibus, nec nisi de pallio aut purpura licebat
militi romano c<h>lamidem[90] inter alios habere." Incidit autem cogitationi

---

76 affectum **B**;
77 prereptus **A, B**; preceptus **C**;
78 de vita **A**;
79 nimis **C**.
80 descendens **B**;
81 requireris **A, C**;
82 terrere te **A**;
83 nomen eius **A, C**;
84 de inimicis *corr. add. in margin.* **A**;
85 vite **B**;
86 poterit **A**;
87 clamide *omnes*;
88 *deest* **B**;
89 hac ait veste beatus Mauritius **A, C**;
90 clamidem *omnes*.

fratri, an eum beatus Mauritius cognitum haberet. Cui cogitationi ipse placide respondens:

„Scio", ait, „quia sis monachus[91] de patrocinio (73) beati[92] Laurentii. Sed aliquid querele[93] habeo adversum te (74), quia transacto anno, cum predium[94] (75), ubi ecclesiola nomini meo edificata est, frequenter inviseres, triduum vel amplius illic faciens, numquam vel semel missarum solempnia celebrasti, vel saltem divini servitii horas ante altare memorie mee erectum decantasti." Audiens hec ille, consciusque[95] hoc verum esse, quod quidem et ipse olim perpenderat, sed tedio quodam[96] et quia animus non erat ei in loco illo, neglexerat, culpe[97] quam recognoscebat obtendens excusationem, hanc sancto martyri reddidit satisfactionem: „Non ponas in animo, domine, hanc servuli tui offensam, quia si perpendere digneris quam sustinui contradictionem, afflictionem et temptationem in anima mea, cum esset[98] predium illud sub cura mea, non aggravabis cor tuum super me ex hac negligentia." (76) Placido ergo vultu annuens, beatus Mauritius dixit: „Facile tibi huius offense do veniam, quia satis superque istius piaculi exsolvisti penam." At ille respondit: „Cum tam exigui oratorii memoreris, ita ut attendas que aguntur illic, mirabile est, cur pauperes colonos (77) predii eiusdem non protegis, cur inimicis eorum non palam facis, quod curare digneris ipsius loci." Ad quod respondens beatus martyr: „Non inimicis", inquit, „sed tibi palam faciam quod nescis."

Hiis dictis vidit se repente in ipso oratoriolo cum sancto[99] Mauritio esse. Stabat autem sanctus Mauritius innixus lateri altaris, quod est versus viam, tenens ipsum fratrem dextera contra latus suum quasi lactentem puerum, directa facie ad populum, qui videbatur per ecclesiam stare, iubens fratri eidem[100] intuitum dirigere diligenterque[101] attendere (78). Stabat itidem in medio ecclesie eiusdem pauper cetus utriusque sexus, protensisque manibus orare videbatur. Dicebat ergo unus eorum, erigens faciem et palmis complodens contra altare: „O sancte Mauriti, magne martyr, cur me non adiuvas? Cur non vindicas de predonibus, qui me rebus omnibus expoliaverunt, nudumque capere et occidere querunt?" Cuius verbis sanctus occurrens, eumque quem tenebat quasi ad attendendum concutiens, respondit: „Tu ipse

---

91   *deest C*;
92   sancti C;
93   *deest B*;
94   hoc est in Wasegga, ibi solebat esse ecclesiola sancti Mauritii *in marg. A*;
95   conscius C;
96   quadam C;
97   culpam C;
98   *deest B*;
99   *deest C*.
100 eodem *A, B*;
101 diligenter C;

pro posse tuo pessimus es predo, socius furum, nullum ubi licet omittens agere malum. Ve tibi, qui predaris, quia et ipse predaberis." Item – alteri dicenti: „Quid dormis, quid precibus nostris aurem obclaudis? Quare, o maxime sancte, non respicis miserias nostras? Ecce devastor a malis hominibus cum pecunia amitto annonam!" – beatus martyr subintulit: „Merito hec pateris, mirumque quod te terra non deglutit; qui numquam case[102] dei, cuius tu es et de qua vivis, fidelis fuisti; in decima detrahenda sacrilegus, in censu defraudator, in omni debito servitii subterfugiens, et ideo sic omni hosti[103] expositus, ut tibi subvenire despiciat omnis sanctus." (79)

Sic omnibus obiciebat que fecerant et unde miserias suas coacervabant. Audiebat omnia frater idem diligentissime, sciens propter se hec ostensa, ut sciret quod nesciebat; mirabaturque tam subito se in oratorio esse, cuius edificium omne recognoscebat[104], et quod tam prompte a tanto martyre talis ostensio[105] fiebat.

In hac admiratione[106] positus subito se vidit esse cum sancto et comitibus eius, ubi primo fuerat ei locutus. Iterum mire dignationis[107] et modestie sanctus per cogitationem sciscitanti ei plura dixit, que ad evitandam invidiam et incredulitatem pretermissa sunt – non quod utilitatis non haberent plurimum!

Sensit frater idem dolere sibi pedes petiitque humiliter[108], ut benedictionem sibi daret et signum crucis super dolorem ederet (80). Ad hec placidissimus: „Nullum est", inquit, „periculum doloris huius." Confirmatum ergo benedictione et obtestatum de salutis sollicitudine, reverenter adorantem emisit a se, et cum paululum processisset, disparuit.

Frater autem subito a superis elapsus dicto citius (81) descendit. Monstrabantur ei in aere, qui a demonibus pervagatur, cadavera iacentia (82), ubi videri[109] poterat humana miseria (83). Ymaginabantur illic corpora voluptuosorum suaviter viventium et in luxuriis ea enutrientium[110]; hec illic videbat proiecta corrosa usque ad pectus, vel solum ventrem relictum de aliquibus; aliqua raptabantur a demonibus; insultabant ei[111], quem per linguam trahebant, falsa testimonia, periuria ceteraque improperantes[112],

---

102 cause *B*;
103 hoste *B*;
104 ipse *add. C*;
105 *deest B.*
106 hac autem oratione *C*;
107 mire dignationis *bis script. C*;
108 plurimum *corr.* humiliter *A*;
109 videre *C*;
110 nutrientium *B*;
111 insultabantque *C*;
112 properantes *C*;

quem per fauces de nimio cibo et potu, quem per oculos de immundo visu, quem per manus de illicito opere. O quanti[113] erant viri et femine, quorum dilacerabantur loca[114] genitalia[115] (84). Quis hoc videns non admirabitur? Quis audiens non emendabitur?

Tenebat frater in memoria, quod beatus patronus eius revertenti[116] – si de ducatu eius[117] quereretur, ut se nominaret – iniunxerat. Hac fiducia fretus, interritus transibat. Sed cum ad hoc ventum esset, ut corpus intraret, ceperunt se ostendere quedam[118] dire facies, persone terribiles uncis manibus eum corripere conitentes (85); quibus ipse in faciem nomen[119] sui ductoris, id est Laurentius martyr, inclamavit; quod quasi fulmen de celo eos penitus dispulit, nec ultra apparuerunt illi.

Ipse autem subito, nescio quo ordine, se sensit in corpore; et quasi[120] evigilans, erecto capite per cubiculum cepit respicere, admirans ubi esset, unde venisset, aut quid vidisset. Secum itaque quod viderat revolvere cepit et aliquibus fratrum aliqua retulit. Sed cum pre infirmitate diu loqui non posset, iussum est[121], ut fieret ei quies, donec levius haberet. Cum triduo in augmento languoris decubuisset, quarto vesperascente die[122] in sudore positus, multum de naribus emittere cepit sanguinis fluxum. Quo per totum longissime noctis spatium continue fluente, mane similis mortuo iacens, utpote sanguine vacuefactus; sompno ciboque pene iam septimo die non usus, biduo per vices paululum turbatus est – sensu intercepto vacuitatis[123] – simulachris. Danda est venia humane fragilitati (86), que siccato cerebro et corpore vacuo <et>[124] sanguine, non valet subsistere sine periculo vite. Diligenter ergo custoditus post biduum cepit contra spem eorum, qui eum viderant, quasi reviviscere tenuiterque sompno ciboque uti. Inde per dies convalescens, ubi primum potuit, accito fratre uno, ea que viderat excipere eum fecit in tabellis (87), ne forte exciderent illi. Que postea relegens scripto tradidit, addens hec narrationi: Sicut mee potestatis non fuit infirmari vel

---

113 quanta *B*;
114 loco *B*;
115 geniture *C*
116 reverenti *B*.
117 *deest B, C*;
118 quidam *B*;
119 *rasura corr.* nomen *A*;
120 *deest B*;
121 iussum est *deest C*;
122 die vesperascente *B*;
123 vacuo *C*;
124 *deest omnes.*

sanari, vivere vel mori, ita non fuit meum videre et referre, per aerem ascendere vel descendere.

Unum est pro certo, quia nisi expertus fuissem, non timuissem, nisi vidissem, non retulissem[125]. Ceterum non presumpsi subtrahere, quod forte alicui poterit[126] prodesse (88). Arbitrio vero legentium iudicium subiacet suam adhibere vel[127] fidem vel derogationem. Omnes tamen stabimus ante tribunal Christi (89), nec discutietur meritum videndi, sed vivendi[128] (90).

Der eingefügte Abschnitt in Hs. A

„Item aliud miraculum. *Nequis* leviter *ducat* proprium non habere patronum, datum *audiat* exemplum frater idem de duobus monachis…“

Vgl. Originaltext: „De duobus monachis frater idem datum **audivit** exemplum, **ne quis** leviter **ducat** proprium non habere patronum.“

Schon die Umkehrung der Satzstellung am Beginn des an falscher Stelle eingefügten Absatzes (*nequis … ducat…, datum audiat exemplum…*) weist auf die beabsichtigte Verwendung des Traktates als Predigtmaterial hin. Diese Absicht erhält am Satzbeginn mit dem Konjunktiv (*ducat*) und seiner Fortsetzung (*audiat)* ihre grammatische Bestätigung.

Die Fortsetzung des falsch eingefügten Absatzes folgt in allem dem Originaltext.

---

125 Unum est pro certo … retulissem *deest C*;
126 poterit alicui *B*;
127 *deest C*;
128 Oratio. *add. C.*

V. Die Übersetzung des Visionsberichtes

Die wundersame Vision vom heiligen Märtyrer
Laurentius, in der dem Priester und Mönch Johannes
viele bemerkenswerte Dinge widerfuhren

Zu jener Zeit lebte im Laurentius-Kloster ein Mönch namens Johannes, Bruder des Mönchs Gilbert, der zu Ehren vieler Heiliger Gesänge komponiert hatte. Durch ein Versehen beim Aderlaß erkrankte dieser Johannes an einer Gehirnentzündung, die mit hohem Fieber einherging.

Nach vier Tagen, während derer sich sein Zustand ständig verschlimmerte – es war gerade das Fest des Hl. Martin herangekommen –, wurde er auf Anweisung des Abts in eine separate Zelle verbracht. Als nun die Glocken zur Vesper riefen, liefen alle zusammen, und nur Johannes blieb allein auf seinem Lager zurück, weil die Brüder, die ihm zur Krankenwache zugeteilt waren, angenommen hatten, er sei eingeschlafen.

Er war jedoch in Ekstase versetzt und sah sich wie in einer Art Vorraum stehen, wo sich seinen Augen ein Gemälde darbot: Dessen oberer Teil schilderte die Kreuzigung des Herrn, während auf dem unteren Teil die Ereignisse um Samsons Tod und den Einsturz des Tempels dargestellt waren.

Noch ganz in diese Betrachtung versunken, war ihm, als fühlte er eine Person über sich, die in der Hand einen elfenbeinernen Stab trug und an die Umstehenden folgende Rede richtete: „O wie köstlich und freudenvoll ist es, die Seele den göttlichen Dingen zuzuwenden; denn es ist von Nutzen, wenn die Gelehrten und jene, die sich diesen Studien widmen können, auch zum eigenen Seelenheil eine erbauliche Predigt halten. Von dieser Absicht und diesem Streben müßte jener (*sc. Johannes*) erfüllt sein, hätte er das Heil seiner Seele und den Nutzen seiner Brüder vor Augen."

Als der Bruder diese Dinge hörte, kam ihm in den Sinn, daß dies der Hl. Laurentius sein könnte, und so stand er staunend und in Erwartung auf die Fortsetzung von dessen Rede. Und so richtete der heilige Märtyrer den Stab, den er in der Hand trug, gegen Johannes' Haupt und sprach: „Wem vor allen Heiligen hast du die größten Wohltaten zu verdanken? Unter wessen Schutz hast du die größten Fortschritte erzielt? Wer hat dich genährt, wer dich gelehrt? Wer hat dich zum Dienst an Gott bestimmt? Steh' mir Rede und Antwort, sage ich dir, wenn du nicht in deiner Krankheit dein Leben lassen willst!"

Auf das Gehörte antwortete der Bruder zitternd: „Was kann ich zur Antwort geben, da ich so schlimme Dinge hören muß? Was kann ich noch

hoffen? Der Hl. Laurentius ist mein Patron; er hat mich als Knaben aufgenommen und mich genährt und gelehrt. Ihm vor allen Heiligen schulde
ich Dank."

Nachdem er so gesprochen hatte, fiel ihm ein, daß dies alles eine Täuschung sein könnte und machte, um sich zu schützen, das Kreuzzeichen
auf der Stirn. Darauf der heilige Märtyrer Laurentius: „Nein, Bruder, kein
Phantasiegebilde führt dich in die Irre. Das Kreuzzeichen ist auch uns
bekannt; es hat Gott gefallen, daß wir durch das Zeichen des Kreuzes vieles
bewirken konnten." Nachdem der Bruder dies gehört und die Umstehenden
mit ihm Erbarmen bekundet hatten, warf er sich, klagend und um Erbarmen flehend, dem Heiligen zu Füßen.

Darauf beugte sich der Heilige auf Bitten der Umstehenden gnädig zu
ihm herunter und berührte den Ausgestreckten mit seinem Stab. „Hoffe und
verzweifle nicht. Wie lange und wie du bisher gelebt hast, tut jetzt nichts zur
Sache; so viele Jahre, wie du bis jetzt gelebt hast, werden deinem irdischen
Leben hinzugefügt. Ich werde aber dein Aufseher sein und Zeuge deiner
täglich fortschreitenden Besserung und deines Eifers, das Heil zu erlangen –
eine milde und freundliche Ermahnung in deinen Versäumnissen. All dieser
Dinge werde ich Zeuge sein, sage ich dir. Wird aber die Verlängerung deines
Lebens vergebens gewesen sein, so werde ich ein fürchterlicher Richter dei-
ner Mißachtung sein."

Mit diesen Worten des Heiligen gewann der Bruder die Hoffnung zurück
und wagte den Kopf zu heben und zu sprechen: „Siehe, Herr", sagte er,
„wie mich die Krankheit bedrückt und die brennende Qual des, wie mir
gesagt wird, unheilbaren Fiebers." „Was zweifelst du an deiner Genesung?!"
sprach sein Patron. „An dieser Krankheit wirst Du keineswegs sterben."
Zur Antwort aber gab der Bruder demütig zurück: „Gib mir deinen Segen,
Heiligster, und ich werde an meinem Heil nicht mehr zweifeln." Nachdem
er den Segen erlangt hatte, erhob er sich, und im Vertrauen auf die Gnade
seines Patrons begann er auf dessen Zeichen hin, diesem großen Führer in
die Höhe zu folgen.

Er fühlte den Aufstieg durch die Luft, besonders, als er noch immer die
zwei großen Glocken der Klosterkirche zum Offizium der Vesper unter sich
durch den weiten Luftraum hin im Gleichklang läuten hörte. Er erkannte
ihren Ton und bemerkte, wie das Läuten ganz hoch durch die Wolken zu
ihm herübergetragen wurde.

Während er all das bemerkte, war er sich seines Aufstiegs ganz bewußt,
und seinem heiligen Patron in großem Abstand folgend, verlor er ihn manch-
mal aus den Augen, fühlte ihn aber wieder ganz nahe vor sich, sobald er
fürchtete, ihn zu verlieren.

Es schien, als würde er auf geradem Weg in die Höhe getragen, bis er zu
einem Kreis gelangte, über dessen Anblick er sich sehr verwunderte und

wie angewurzelt stehen blieb. Ihm schien, als drehte sich dieser Kreis mit wunderbarem Klang, und es erklang eine Stimme, die sprach: „Wer kann dem Peiniger Paroli bieten?" Er sah, daß unter diesem Kreis die Luft dunkelte und von hinten Geister in die Höhe sprangen. Als sie aber den Klang des rotierenden Kreises vernahmen, verflüchtigten sie sich wie Rauch und strömten nach Art der Teufel nach unten. Diese Stimme und der Klang waren für sie wie furchtbares Feuer und Rauch vom Himmel.

Der in Betrachten und Erstaunen versunkene Bruder brachte sich die Worte Bedas des Ehrwürdigen in Erinnerung, die sagen, daß den Dämonen der Zugang über dem sublunaren Kreis verwehrt sei. Als er sich dann auch noch der Worte des heiligen Apostels Paulus erinnerte, der sagt, ‚Wir haben nicht mit Fleisch und Blut zu kämpfen, sondern mit Mächtigen und Gewaltigen, nämlich mit den Herren der Welt, die in dieser Finsternis herrschen; mit den bösen Geistern unter dem Himmel', kam ihm der Gedanke, daß dies vielleicht die Region sei, die den Raum zwischen den Oberen und den Dämonen trennt. Auch das Wort ‚Wer kann dem Peiniger Paroli bieten?', das er gehört hatte und dessen Sinn er zu verstehen suchte, wurde ihm nun plötzlich klar: Jene Stimme, die fragte, wer Gott widerstehen und ihm antworten könne, gilt den Dämonen. Diese Stimme nennt Gott Peiniger, weil die Dämonen Gott weder als gerecht noch als unparteiisch, sondern als mächtig und sie wegen seiner Macht peinigend empfinden.

Und ganz unvermittelt erschien dem Schauenden von Osten her eine Bank von sehr großer Länge, auf der Gestalten im Mönchshabit saßen. Sie saßen schweigend und traurig, und ihre Beine hingen ohne Fußbank herab. Ihre Gesichter waren nur zur Hälfte rasiert und ihr Blick gesenkt. Gewiß aber lag für sie ein großer Trost darin, daß diesen für das Fegefeuer Bestimmten der Anblick und die Angriffe der Dämonen erspart blieben und sie die glückliche Hoffnung auf Erlösung hegen können; sie sind auch getröstet dadurch, daß sie ihre Strafe an einem hellen Ort abbüßen dürfen.

Unter ihnen waren auch solche, die er erkannte und die ihn sahen, sich aber nicht von ihren Sitzen zu erheben noch mit ihm zu sprechen wagten. Er sah auch seinen leiblichen Vater von hinten ausgestreckt, wie er von den Ketten befreit wurde, in denen er während seiner Karzerstrafe gelegen hatte. Dort verharrte der Bruder lange Zeit und verstand nun die Dinge über die Seelen, die er zuvor nicht gewußt hatte:

Die Einteilung der ihren Körper verlassenden Seelen erfolgt nach ihren unterschiedlichen Verdiensten, und allen ist das zukünftige Heil gewiss. Unter diesen Seelen sind solche, die sofort der Macht der Dämonen anheimfallen; diese werden in ihren Qualen und Torturen von den Dämonen angegriffen und mit Drohungen ewiger Verdammnis gepeinigt. Die Bestrafung dieser Seelen ist sehr schwer, denn während sie Torturen erleiden, erhalten sie weder Besuch von Engeln noch haben sie Licht oder irgendeine Hoffnung auf Erlösung; sie werden aber nicht

in das tiefste Inferno versetzt. Nach einer gewissen Zeit wird diesen Seelen die
Gegenwart der Dämonen erlassen und ihnen an anderen Orten leichtere Strafe
zugestanden.

In gleicher Weise verläuft die Läuterung der Seelen, die entweder wegen
ihres tugendhaften Lebens oder durch Empfehlung Gläubiger oder durch
Invention eines heiligen Patrons an einen ruhigen Läuterungsort gelangen.
Ihr Schicksal kann glücklich genannt werden, weil sie Hoffnung auf Erlösung hegen können und ihnen auch der Besuch von Engeln zugestanden
wird; auch mangelt es ihnen nicht an Licht.

Solche Seelen, denen eine glückliche Läuterung zuteil wird, d. h. die Läuterung, die sich ohne die Gegenwart von Dämonen vollzieht, die sie weder
zu sehen bekommen noch von ihnen gequält werden: Hat jemand eine Vorstellung von dem, was diese Seelen erleiden?! Sie bezahlen für alles, was sie
auf Erden gegen ihr eigenes Heil gesündigt und was sie im Dienst an Gott
durch ihre Nachlässigkeit versäumt haben. Wie gern wären sie jetzt ohne
Sünde, und wie gern hätten sie jetzt, daß sie alle Sünden – ja selbst die
geringsten – gemieden hätten! Wie gern hätten sie jetzt, daß sie zu allen Zeiten beim Gottesdienst anwesend gewesen wären und nicht ein einziges Mal
versäumt hätten! Sie bezahlen mit Hunger und Durst, weil sie sich auf Erden
dem Genuß von Essen und Trinken hingaben und ihrem Bauch dienstbar
waren. Sie waren frei von den Fesseln der Gottesfurcht und ließen die Zügel
für ihre schändliche Begierde schleifen. Sie bezahlen mit äußerster Kälte,
weil sie auf Erden in der heißen Glut der Leidenschaft brannten.

Und um die Aufmerksamkeit durch die Aufzählung einiger weniger Beispiele auf die vielen zu lenken: Sie bezahlen mit verschiedenen Leiden für die
Sünden ihrer verbotenen Leidenschaften. Sie seufzen, weil sie von der Kontemplation ausgeschlossen sind, an der sie, als sie dazu verpflichtet waren,
nicht teilnahmen. Deshalb wird ihnen jetzt, da die Qualen ihnen zusetzen,
durch deren Bitterkeit die Süße der Gottesanschauung versagt, und sie müssen die Rute des Zornes Gottes erleiden.

Daher sind ihre Augen, d. h. ihr Streben, auf den Herrgott gerichtet,
daß er sich ihrer erbarme und sie durch den Besuch eines Engels von ihren
Leiden erlöse. Glücklich aber sind die Seelen, die keine Leiden erdulden,
weil sie nach Gott, dem Quell des Lebens, dürsten wie der Hirsch nach dem
Wasserquell.

Elendiglich aber werden jene Seelen empfangen, die ihren Patron, unter
dessen Schutz sie auf Erden gestellt waren oder dem sie sich selbst überantwortet hatten, aus irgendeinem Grunde verließen – des Menschen Sinn ist
ja nicht auf das vollkommene Leben gerichtet. Elend sind sie, weil sie zur
Läuterung den Dämonen überantwortet werden; deshalb, weil ihnen die

Intervention ihres Patrons fehlt und sie, selbst wenn sie Vergebung erlangen, der Verfolgung durch die Dämonen trotzdem anheimfallen.

Die Verfolgung durch die Dämonen ist aber von solcher Art, daß diese, obwohl sie den armen Seelen keinen Harm antun dürfen, nicht ablassen, sie von jedem ruhigen Ort – sei es auf der Erde, sei es im Meer, sei es in der Luft – zu vertreiben. Die Seelen, die ihre Läuterung auf der Erde ableisten, dürsten und sehnen sich nach der Teilnahme am Gottesdienst; ihr Schmerz ist unerträglich, weil die Angriffe der Dämonen und die Furcht vor ihnen und ihren Verfolgungen diese so heilsame Absicht zunichtemachen.

Damit es daher niemandem in den Sinn käme, leichtfertig auf den eigenen Patron verzichten zu wollen, wurde dem Bruder ein Beispiel von zwei Mönchen kundgemacht: Einer der beiden wurde durch plötzlichen und unerwarteten Tod vor Gericht gebracht. Dieser Mönch, obwohl einer Verfehlung schuldig, wurde durch den Schutz eines sehr mächtigen Patrons befreit, und obwohl er wegen seiner Sünden eigentlich mit Verdammnis hätte bestraft werden müssen, wurde ihm durch die Intervention seines Patrons durch einen gnädigen Richter eine glückliche und ruhige Läuterung ohne Angriffe der Dämonen zuteil.

Der andere Mönch jedoch, aus seiner Ungeduld des Herzens heraus, bevorzugte an Stelle seines eigenen Patronats ein anderes, diente dort Gott und war sich der Schuld nicht bewusst, ein anderes Patronat dem eigenen vorgezogen zu haben. Eines Tages aber war auch sein Ende herangekommen. Er, der unter anderen Sünden auch eine lockere Sprache geführt hatte, was er aber für nicht weiter tadelnswert hielt, war nun ohne Fürsprache seines Patrons geblieben und wurde deshalb den Elenden zugeteilt, deren schwere Bestrafung sich unter den Angriffen der Dämonen vollzieht. Ihm wurden auch noch viele Jahre der Strafe hinzugefügt.

Nachdem nun der Bruder dies und vieles andere über die Einteilung der Seelen im Jenseits erfahren hatte, erinnerte er sich wieder seines großen Begleiters, und er folgte dem Vorangehenden in der Gewissheit, nicht allein zu sein, sondern daß er außer ihm nur niemand sah.

Dort war eine große Helligkeit, von der seine Seele fast erblindete. Als er so seinen heiligen Patron vor sich fühlte – er fühlte ihn mehr als er ihn sah – kam ihm in den Sinn, diesen über die Harmonien des Himmels zu befragen und ob er werde hören können, was er in der Schrift gelesen hatte. Auf dessen Überlegungen hin wandte sich der große Begleiter zu ihm und sprach: „Geduld, Bruder. Gleich wirst du, was du begehrst, zu sehen bekommen." Und dieser, in Erwartung der versprochenen Harmonien, erblickte eine sehr große hoch erhobene Kugelgestalt. Sie war von goldener Farbe, nicht ganz rund, sondern lang und beweglich; ihre Größe war etwa wie die Länge und Breite eines sehr großen Tempels – nur, daß ein Tempel quadratisch und nicht rund ist.

Dieses runde Gebilde nun, obwohl von doppelter Länge wie Breite, erschien in der Form des himmlischen Zirkels und rotierte mit großer Geschwindigkeit. Von seinem unteren Pol her, der nach Süden wies, ertönten Klänge in wunderbarer Weise wie von Flöten. Die Stimmen aber klangen zusammen so, wie sie von Kithara-Spielern mit ihren Instrumenten hervorgebracht werden. Und wie Johannes noch mit großer Freude diesen Harmonien lauschte, die allmählich widerhallten, kamen ganz unvermittelt vom oberen Pol des rotierenden Gebildes her ähnliche Klänge zurück. Die zusammen klingenden Stimmen brachten eine solche Harmonie hervor, wie sie sich eines Menschen Geist nicht vorstellen kann. Und als das gemeinsame Jubilieren allmählich als Echo widerhallte, wurde die Seele über dem Gehörten von unaussprechlicher Liebe ergriffen. Plötzlich aber verhallte der Klang, und die Kugelgestalt entfernte sich vor seinen Augen.

Und der heilige Begleiter sprach zu dem Bruder, an dem es jetzt war, zurückzukehren: „Du sorge dich um deine eigenen Angelegenheiten und vermeide es, dich überflüssigen Dingen zu widmen. Denn wenn du die aufgetragenen Pflichten gewissenhaft erfüllst – wobei immer der Eifer für den Dienst an Gott allem voranstehen soll – wird es dir wohlergehen.

Wenn du beim Abstieg durch die Lüfte gefragt wirst, wo dein Begleiter sei, so antworte, daß der Hl. Laurentius dein Begleiter ist. Und wenn die Dämonen dir mit ihren Phantasiegebilden Angst einflößen, rufe seinen Namen." Mit diesen Worten entschwand er.

Als er sich schon etwas weiter entfernt hatte, wandte sich der Bruder nach Osten und sah ihm Ritter entgegenkommen. Sofort sagte ihm sein Gefühl, daß dies der Hl. Mauritius ist, der in dieser Gestalt erscheint, begleitet von seinen Gefährten, deren genaue Anzahl er nicht ausmachen konnte; es mochten ihrer wohl sechs bis acht sein. Der Bruder war nun ganz sicher, daß dies der Hl. Mauritius ist, und nachdem er Mut gefaßt hatte, näherte er sich diesem ehrerbietig und sprach zu ihm: „O welch eine große Kraft wohnte in euren prächtigen jugendlichen Leibern, Kämpfer Christi! Ihr hättet den Feinden heldenhaft widerstehen und den Sieg über die Götzen erringen können, hättet ihr mit irdischen Waffen gekämpft." Darauf der milde Heerführer mit freundlicher Miene: „Wie, Bruder", sagte er, „haben wir etwa den Sieg über die Feinde nicht redlich erworben? Kein Sieg könnte uns edler und des Lobes würdiger sein als der, den Feind mit dessen eigener Hand niederzustrecken und durch den Tod des Leibes das Leben für die Seele zu erlangen." Der Heilige aber war in einen purpurnen Umhang gehüllt. Als der Bruder diesen Umhang lange betrachtete, sprach der Hl. Mauritius: „Mit diesem Gewand, das du so aufmerksam betrachtest, unterschieden sich zu unserer Zeit die Soldaten vom Volk, und nichts als der Mantel und der Purpurumhang war den römischen Soldaten unter dem anderen Volk zu besitzen erlaubt."

Der Bruder fragte nun bei sich, ob der Hl. Mauritius wohl wisse, wer er sei. Auf dessen Überlegungen hin antwortete dieser milde: „Ich weiß", sagte er, „du bist Mönch im Patrozinium des Hl. Laurentius. Da ist aber etwas, das ich dir zum Vorwurf machen muß: Vor einem Jahr, als du das Klostergut, wo ein Kirchlein mir zu Ehren erbaut ist, häufig besuchtest und jedes Mal drei Tage und länger dort verweiltest, hast du nicht ein einziges Mal eine Messe für mich gefeiert und nicht einmal die Gebetszeiten hast du an dem Altar gehalten, der meinem Namen geweiht ist."

Als der Bruder dies hörte, mußte er sich eingestehen, daß dies die Wahrheit ist und daß er die Sache schon damals bei sich erwogen, ihr aber wegen einer anderen unangenehmen Angelegenheit weiter keine Beachtung mehr geschenkt hatte – er war damals mit seinen Gedanken ja auch ganz woanders gewesen. Er erlangte die erbetene Vergebung der Schuld, die er bekannte und bat den Heiligen: „Nimm dir dieses Versäumnis deines Dieners nicht zu Herzen, Herr; denn wenn du nur gnädigst erwägen wolltest, welchen Widerspruch, welchen Schmerz und welche Versuchungen des Herzens ich erdulden musste, als dieses Gut unter meinem Kurat stand, wirst du mir mein Versäumnis nachsehen."

Dem stimmte der Hl. Mauritius mit freundlicher Miene zu und sprach: „Gern gewähre ich dir Vergebung für diese Sünde, denn mehr als genug wurdest du schon dafür bestraft." Darauf entgegnete der Bruder: „Wenn du dich selbst einer kleinen Kapelle erinnerst und darauf achtgibst, was dort geschieht, dann ist es verwunderlich, daß du die armen Bauern dieses Gutes nicht beschützest und ihren Feinden nicht zeigst, daß du Sorge für diesen Ort trägst." Darauf der heilige Märtyrer: „Nicht ihren Feinden", sprach er, „wohl aber dir werde ich klarmachen, was du nicht weißt."

Auf diese Worte hin sah sich der Bruder plötzlich mit dem Hl. Mauritius in diese Kapelle versetzt. Der Heilige stand an die Seite des Altars gelehnt, d. h., gegenüber dem Mittelgang, während seine Rechte den Bruder wie einen Säugling an seine Seite drückte, das Gesicht zum Volke hin, das in der Kirche zu stehen schien, und befahl dem Bruder, seinen Blick auf das Kommende zu richten und alles aufmerksam zu betrachten.

Dort, genau in der Mitte der Kirche, war eine Menge Volks beiderlei Geschlechts versammelt und betete mit erhobenen Armen. Und einer von ihnen, das Haupt erhoben und die Hände gegen den Altar ringend, rief: „O heiliger Mauritius, großer Märtyrer, warum hilfst du mir nicht? Warum schützest du mich nicht vor den Räubern, die mir all mein Gut nehmen und mich nackt gefangen nehmen und töten wollen?" Der Heilige, an den diese Worte gerichtet waren, gab dem Bruder, den er an seine Seite gedrückt hielt, einen kleinen Stoß, wie um seine Aufmerksamkeit zu wecken, und antwortete: „Du selbst bist der schlimmste Räuber, ein Kumpan der Diebe,

der keine Gelegenheit versäumt, Arges zu tun. Weh' dir, der du raubst,
denn auch du wirst beraubt werden." Auch einem anderen, der sagte: „Was
schläfst du, was verschließest du dein Ohr vor unseren Klagen? Weshalb, o
großer Heiliger, gibst du nicht acht auf unser Elend? Siehe, böse Menschen
verderben mich, wenn ich meine Abgaben leiste" – hielt der Heilige entgegen: „Mit Recht erleidest du das! Ein Wunder, daß dich die Erde nicht
verschlingt, der du niemals dem Kloster, dem du angehörst und von dem du
lebst, die Treue hältst. Beim Entrichten des Zehnten bist du ein Kirchenräu-
ber, bei der Abgabe ein Betrüger. Vor allen Pflichten deines Dienstes drückst
du dich und bist deshalb jedem Feind preisgegeben, weil dir kein Heiliger zu
Hilfe kommen will." So rechtete der Heilige mit allen über die Dinge, deren
sie sich schuldig gemacht hatten und wegen derer sich ihr Elend häufte.
Der Bruder hörte all diesen Dingen mit großer Aufmerksamkeit zu in dem
Bewußtsein, daß sie ihm gezeigt wurden, damit er erfahre, was ihm vorher
unbekannt gewesen war. Er wunderte sich auch darüber, daß er sich so
plötzlich in die Kapelle versetzt sah, deren Gebäude er erkannte, und daß
diese Zeichen so schnell und von einem so großen Märtyrer gewirkt werden
konnten.

Noch ganz in diese Betrachtungen versunken, fand er sich plötzlich mit
dem Heiligen und seinen Kämpfern an genau derselben Stelle wieder, wo
das Wort zum ersten Mal an ihn gerichtet wurde.

Und wiederum sagte der Heilige dem Bruder, der durch seine Überle-
gungen das Gesehene zu verstehen suchte, mit wunderbarer Würde und
Milde viele Dinge, die hier übergangen werden müssen, um nicht Neid oder
Unglaubwürdigkeit zu erwecken – nicht etwa, daß sie nicht von großem
Nutzen wären!

Da fühlte der Bruder, daß ihn die Füße schmerzten, und er bat den Heiligen demütig um dessen Segen und daß er das Kreuz über die schmerzende
Stelle schlage. Darauf der Heilige mit großer Milde: „Dieser Schmerz ist
ganz ungefährlich." Nachdem der Bruder nun durch den Segen gestärkt und
zum Eifer für sein Heil ermahnt war, entließ der Heilige den sich ehrfürch-
tig Verneigenden, und nachdem der ein Stück gegangen war, war der Heilige
seinen Blicken entschwunden.

Der Bruder aber, in plötzlichem Fall aus der Höhe, kam schneller herab
als sich beschreiben lässt. In der von Dämonen erfüllten Luft sah er hinge-
worfene Körper – dort zeigte sich die menschliche Misere: Dort waren die
Körper der Völler zu sehen, die üppig gelebt und ihren Körper im Luxus ver-
wöhnt hatten. Diese lagen dort verlassen herum, angefressen bis zur Brust;
bei einigen war nur noch der Bauch übriggeblieben; andere wurden von
Dämonen weggeschleppt. Die Dämonen griffen sie an uns zerrten sie an der
Zunge weg, indem sie sie falschen Zeugnisses, falscher Schwüre und ähnlicher Dinge bezichtigten.

Verschiedene andere, die sich dem Essen und Trinken hingegeben hatten, packten sie am Hals; anderen wieder, die sich des Anschauens sündhafter Dinge schuldig gemacht hatten, rissen sie die Augen aus; andere endlich, die unerlaubte Werke getan hatten, ergriffen sie bei den Händen. O wie viele Männer und Frauen gab es dort, denen die Genitalien abgetrennt waren! Wer könnte das ansehen, ohne darüber in Erstaunen zu geraten, wer dies hören, ohne sich zu bessern?

Nun erinnerte sich der Bruder dessen, was sein heiliger Patron ihm für seine Rückkehr aufgetragen hatte, nämlich, daß er auf die Frage nach seinem Begleiter dessen Namen nennen solle. Gestärkt durch diese Gewißheit setzte er unerschrocken seinen Weg fort. Als er jedoch dort angelangt war, wo er wieder in seinen irdischen Körper eintreten sollte, tauchten einige grauenerregende Gestalten auf, widerliche Geschöpfe, die ihn mit ihren hakenförmigen Händen zu ergreifen suchten.

Ihnen schleuderte er den Namen seines Begleiters, d. h. des heiligen Märtyrers Laurentius, entgegen. Das genügte, um sie wie Rauch vom Himmel gänzlich verschwinden zu lassen, und von da an erschienen sie ihm nicht mehr. Plötzlich fühlte er, daß er, ohne zu wissen, auf welche Weise, wieder in seinen Körper zurückgekehrt war. Wie erwachend blickte er mit erhobenem Haupt in seiner Krankenzelle umher und wunderte sich, wo er sei, von wo er gekommen war und was er gesehen hatte. So begann er also, sich ins Gedächtnis zurückzurufen, was er gesehen hatte, und einiges davon den Brüdern zu berichten. Er konnte aber vor Schwäche nicht lange sprechen, und so wurde befohlen, ihm Ruhe zu gewähren, bis es ihm besser ginge. Nachdem er drei Tage lang in wachsender Schwäche dagelegen hatte, war er am vierten Tag zur Stunde der Vesper in Schweiß gebadet und seiner Nase entströmte viel Blut. Dieser Blutfluss dauerte die ganze Nacht hindurch an, und am Morgen lag er blutleer wie ein Toter. Sieben Tage lang nahm er kaum Speise und Trank zu sich; zwei Tage lang, als ihm wegen des blutleeren Gehirns die Sinne leicht schwanden, wurde er von Phantasiebildern gequält.

Man muß dem Menschen seine Schwäche vergeben, denn er kann ein blutleeres Hirn und einen blutleeren Körper ohne Gefahr für Leib und Leben nicht überstehen. Er wurde aber getreulich gepflegt, so daß er nach zwei Tagen entgegen jeder Hoffnung sich zu beleben und allmählich ein wenig zu essen und zu schlafen begann. Deshalb wurde, als er im Laufe der Zeit an Kraft gewann und schon dazu fähig war, ein Bruder herbeigeholt, der das, was er gesehen hatte, auf Wachstafeln schreibe, damit ihm die Dinge nicht entglitten. Nachdem er nun alles überlesen hatte, übergab er es zum Abschreiben und setzte der Schilderung das Folgende hinzu: ‚So wie es nicht in meiner Macht stand, krank oder gesund zu werden, zu leben oder zu sterben, so war es nicht an mir zu sehen, noch zu berichten; weder durch die Luft aufzusteigen, noch hinabzusteigen. Eines jedoch ist gewiß: Hätte ich diese Dinge nicht selbst erfahren, hätte ich mich nicht zu fürchten brauchen; hätte ich das alles nicht gesehen, so hätte ich nichts berichten können. Auch habe ich es nicht gewagt, etwas zu übergehen, was vielleicht jemandem von Nutzen sein könnte. Es sei aber dem Urteil der Leser überlassen, der Geschichte Glauben zu schenken oder sie als wertlos abzutun. Letztendlich stehen wir einst alle vor dem Richterstuhl Christi und dort wird nicht nach dem entschieden, was wir gesehen, sondern nach dem, wie wir gelebt haben.

VI. Anmerkungen zum Visionstext, 1–90

(1) Visio et miraculum

Beide Begriffe der Überschrift, mit denen der vorliegende Visionstext vorgestellt wird, haben ähnliche Bedeutung. Es handelt es sich hier augenscheinlich um ein *Hendiadyoin* („eins durch zwei"), ein in der lateinischen Literatur eher selten angewandtes Stilmittel. Diese Annahme vorausgesetzt, kann *visio et miraculum* in diesem Kontext mit wundersame Vision übersetzt werden.

Sie findet ihre Bestätigung im Sprachgebrauch der mittelalterlichen Literatur, die häufig keine klare Trennungslinie zwischen beiden Begriffen zieht; zu sehr war man sich des inneren Zusammenhanges zwischen Vision und Wundergeschehen als Phänomene des Übersinnlichen gewärtig: Das Geschaute (Vision) wurde als Wunder (Mirakel) empfunden.

Ein Beispiel von vielen hierfür ist die Schilderung aus der Vita des Oudalrich, in der die Rede ist von den Wundern einer großen Vision, die ihm zuteilwurde: „*... maioris visionis sibimet ipsi manifestatae miracula...*" (1).

Dazu siehe auch Peter Dinzelbacher, *Vision und Visionsliteratur im Mittelalter*, 2., erweiterte Aufl., 2017, p. 98 ff.

Während jedoch das Mirakel auch ein gemeinschaftliches Erlebnis darstellen kann, ist die Vision, besonders jene der Gattung der Jenseitsreisen, von ihren Umständen her zu allererst immer ein persönliches Ereignis, dessen Wirkung aber in der traditionellen kirchlichen Vorstellung über den Einfluss auf den Visionär selbst hinausreicht. Schon die frühe Kirche schrieb diesen übersinnlichen Phänomena eine Bedeutung für die Gesamtheit der Gläubigen zu. Dieser Auffassung folgten auch die Schriftsteller des Hochmittelalters.

So schickt Otloh von St. Emmeram (bis 1070) seiner Sammlung von Visionen ein Vorwort voraus, in dem er seine Absicht kundtut, eine Reihe von Visionen zur Erbauung der Gläubigen zu veröffentlichen:

> „*... cupio ad aedificationem fidelium proferre visiones quasdam...*" (2).

In einer Sammlung von Visionen, die im 12. Jhd. von Petrus Venerabilis unter dem Titel *De miraculis libri duo* zusammengestellt wurde, werden als weitere Aspekte der Bedeutung der Visionen/Wunder die Erstarkung des Glaubens, der Wahrheit und der Hoffnung genannt:

> „*... per eam (sc. gratiam miraculorum) fides augeatur, spes crescat, veritas confirmetur*" (3).

Weiterhin spricht Petrus in dieser Sammlung auch von dem Trost, den die Lektüre dieser Visionen den Mönchen seines Klosters gewährt:

> *„Horum (sc. legentium) namque multa est recreatio, et in praesentibus miseriis, in quibus ingemiscunt, maxima consolatio, quando ... aliquid quod eorum fidem ac spem magis ac magis excitet, audiunt"* (4).

Eine Audition zur Erklärung eines Mirakels, das sich in St. Laurentius ereignet hatte, findet sich im Legendarium von Hs. A (foll. 110vb14–34) unter der Überschrift *De miraculo cuidam monachi huius loci sancti Laurentii iuxta Leodium ostenso. Anno ab incarnatione Domini MoXoCoIo.*

Diese Geschichte, deren Abfassung Rupert von Deutz zugeschrieben wird *(„Refert Robertus monachus ecclesie nostri sancti Laurentii"*, Hs. A, fol. 110va27), erzählt von einem Wunder, das dem damaligen Abt Wazo widerfuhr, um seine Zweifel hinsichtlich der Auferstehung Christi auszuräumen: Der gegürtete Wazo sieht unvermittelt seinen ohne sein Zutun gelösten Gürtel vor sich auf dem Boden liegen, während ihm eine Stimme aus der Höhe den Zusammenhang des Gürtelwunders mit der Auferstehung Christi erläutert. Diese Mirakelgeschichte fand Eingang auch in die *Legenda aurea* Jacobs von Voragine im Kapitel *De resurrectione Domini*, als deren Quelle ihm die *Historia scholastica* des Petrus Comestor diente. Jacob faßt das Ereignis mit folgendem Wortlaut zusammen:

> *„Inde legitur in hystoria scholastica, quod cuidam monacho sancti Laurentii ... anno ab i. d. MXCI miranti de cingulo suo quo accinctus erat, insoluto projecto ante illum vox in aere est facta: sic potuit Christus clauso exire sepulchro"* (5).

(2) **St. Laurentius** – Heiliger und Märtyrer und Patron des Klosters des Visionärs; sein Festtag fällt auf den 10. August.

Die Attribute des Heiligen sind zum einen der Rost, der auf die Art seines Martertodes hinweist; zum anderen ist es der Kelch und andere liturgische Geräte, die zusammen mit dem Evangelienbuch in der Hand des Heiligen sein Amt als Diakon bezeichnen. Für die Eigenschaft des Heiligen als Märtyrer stehen auch das Kreuz und die Palme als Symbol seines Sieges.

Der Tradition nach erlitt der Heilige den Märtyrertod auf einem glühenden Rost, worauf sich seine Verbindung mit dem Feuer zurückführen läßt. Weiterhin weiß sie zu berichten, daß der Tod des Heiligen auf denselben Wochentag wie der Tod Jesu fiel:

> *„Ipse enim beatus sanctus Laurentius martyr ea die in qua Salvator noster mortem subiit, cum triumpho martyris a seculo migravit"* (1).

Beide dem Heiligen zugeschriebenen Charakteristiken (der Märtyrertod auf dem Rost und der Freitag als sein Todestag) fügten sich zu der Zuschreibung eines besonderen Privilegs an den Heiligen, durch das sich eine Beziehung zur Gattung der Jenseitsreisen herstellen lässt.

Es handelt sich um das Privileg des Hl. Laurentius, an jedem Freitag eine Seele aus dem Fegefeuer zu befreien:

„Unde maximum hoc a Deo accepisse privilegium legitur, ut omni hebdomada animam unam eripiat de purgatorio igne feria sexta" (2).

Dieses Privileg wird unter dem Titel *De privilegio beati Laurentii in sexta feria* auch in Hs. A bezeugt (foll. 39 v, 10–19).

In einem etwas späteren Legendarium aus dem Kloster St. Laurentius findet sich ein weiterer Text zu diesem Privilegium unter dem Titel: *Privilegium sancti Laurentii super animabus liberandis de purgatorii penis*, der auf die Einzelheiten dieses Privilegs eingeht (3).

Im 11. bzw. 12. Jhd. verfaßte Marbod von Rennes (bis 1123) eine metrische Dichtung auf den Heiligen des Titels *Versus de sancto Laurentio* (4).

Dem Werk Marbods war ein Prosawerk zu Ehren des Heiligen aus dem Kloster von Lüttich unter dem Titel *Translatio reliquiarum beati Laurentii* vorausgegangen, von dem der Diakon Ludwig dem Ält. (11. Jhd.), Mönch im Kloster von Lüttich, abgefaßt. Wie der Titel bezeichnet, war der Anlass die Ankunft am 13. Juni 1056 in diesem Kloster von Reliquien des Heiligen, die aus einer Kapsel mit seinem Blut (s. a. Hs. A, foll. 36v–37v) bestanden. Späterhin verlieh Reiner dem Werk eine metrische Fassung unter dem Titel *De adventu reliquiarum beati Laurentii martyris in Leodium ab urbe Roma*, von der sich ebenfalls eine Abschrift in Hs. A (foll. 37v–39v) befindet (5).

Die Reliquie des Heiligen war aus der Laurentiuskirche in Rom entwendet worden, eine Tat, die von Ludwig als *fraus nobilis* bezeichnet und von dem Kirchenmann Gottfried, der dem Kloster von St. Laurentius nahestehend, von Ludwig als „einer der Unseren" genannt wurde *(„… quasi unus erat ex nobis")*, sorgfältig geplant und ausgeführt wurde (6).

Im Hochmittelalter erfreute sich der Hl. Laurentius in der Region des heutigen Belgien großer Beliebtheit, wie die zahlreichen Passionstexte und andere, im Zusammenhang mit dem Heiligen stehende Texte in den Legendarien aus diesem Raum zeigen.

Die besondere Verehrung dieses Heiligen in der genannten Region, die schwer unter den Magyaren-Einfällen gelitten hatte, beruht auf dem Sieg, den Kaiser Otto I. 955 auf dem Lechfeld bei Augsburg im Kampf gegen diese Stämme am Festtag des Heiligen errang (s. Anm. 73).

An den Erwähnungen des Heiligen im vorliegenden Visionstext ist auffallend, daß ihm hier keines der obengenannten Attribute zugeordnet ist und es außer dem für ihn untypischen Elfenbeinstab keinerlei Beschreibung des himmlischen Begleiters gibt, so daß Johannes zu Beginn der Vision seine

Intuition zu Hilfe kommt, um in dem Heiligen schließlich den Patron des Klosters und somit auch seinen eigenen zu erkennen.

(3) ... **plurima memoratu digna** ... **testatur** ...

Als mögliche Vorlage dieser Formulierung läßt sich eine Textstelle bei Beda Venerabilis, *Visio Drythelmi*, ausmachen: „*multa memoratu digna* ... *narravit...*" (1).

(4) **Johannes:** siehe Kapitel „Der Visionär Johannes im Werk Reiners von Lüttich".

(5) **presbyter** – Das Priesteramt auch für Mönche war von Anbeginn Teil der benediktinischen Regel und wurde vom Ordensgründer als Verwirklichung des apostolischen Ideals gesehen, dem das Streben des Mönchs gelten soll: „... *in his autem, qui monachi simul clerici sunt, apostolica perfectio est*" (1).

Die Praxis der Priesterweihe für Mönche begründete sich auf zwei Prinzipien, von denen das erste die Person des Mönchs in seinem Streben nach Selbstheiligung durch größtmögliche Gottesnähe betraf. Das zweite Prinzip beinhaltete vornehmlich die *cura pastoralis*, d. h. die Aufgabe des Priesters als Seelsorger mit dem Abhalten der Meßfeier, mit Predigen und dem Spenden der Sakramente.

Die Meßfeier führt ihn aber auch auf den Weg zur persönlichen Gottesnähe. Somit ist durch die Vereinigung von Mönchstum und Priestertum in der Person des Mönchs diesem die Möglichkeit der höchsten erreichbaren Stufe des apostolischen Ideals gegeben.

(6) **in illo tempore** – Diese Eröffnungsformel weist auf den längeren Zeitraum hin, der zwischen dem eigentlichen Visionsgeschehen und der vorliegenden Dokumentation liegt. Die Wahl dieser Formel bei Visionen ist untypisch, ist jedoch häufig als Eröffnungsformel bei Predigten zu den Evangelien anzutreffen (1).

(7) ... **in hoc cenobio beati Laurentii** – Zum Kloster siehe das Kapitel „Das Kloster von St. Laurentius um die Zeit Reiners von Lüttich".

(8) **flebot[h]omia** = *minutio sanguinis/ven[a]esectio* = Aderlaß. Eine bei akuten Krankheiten weit in Antike und Mittelalter angewandte Heilmethode.

Als wahrscheinlich erste mittelalterliche Schrift des lateinischen Westens zu diesem Thema ist das Traktat *De minutione sanguinis sive de flebothomia* anzusehen, das Beda Venerabilis zugeschrieben wird.

Da unterschiedliche Auffassungen darüber herrschten, zu welchen Zeiten (d. h. Stunde, Tag, Monat, Jahreszeit) der Aderlaß am günstigsten

durchzuführen sei, empfiehlt Beda die Anwendung dieser Kur bei allen Fällen akuter Krankheit, ohne Berücksichtigung bestimmter, für den Aderlaß
geeigneter Termine: *„Omni tempore, die et nocte, si necessitas urget, in
acutis passionibus, oportet phlebotomiam adhibere"* (1).

Neben der medizinischen Bedeutung des Aderlasses konnte ihm im Mit-
telalter auch eine religiöse beigemessen werden, wie aus einer der Predigten
Bernhards von Clairvaux (bis 1158) hervorgeht, in der er den Aderlaß einem
Akt der Buße gleichsetzt. Bernhard zufolge gleicht der Wille des Menschen
dem Blut seiner Seele, und das Leben seiner Seele hängt vom Willen des
Menschen ab. Durch den irregeleiteten Willen des Menschen wird eine
Krankheit der Seele hervorgerufen, die nur durch Buße zu heilen ist. Daher
muß der Akt des Aderlasses vorgenommen werden, denn wer Buße tun will,
muß seinem Körper Schmerz zufügen:

> *„Sanguis animae meae voluntas mea [est] ... et animae vita in voluntate est.
> Minuatur ergo prava voluntas, quae morbi causa est spiritualis... Si vis agere
> poenitentiam, castigare [alias: punire] oportet membra, corpus affligere..."* (2).

Es kann davon ausgegangen werden, daß die von Bernhard vertretene Auffassung von der spirituellen Rolle dieser Praxis allgemein bekannt war. Deshalb ist nicht auszuschließen, daß der Grund für den Aderlaß, über den im
Visionsbericht keine Aussage gemacht wird, ein Akt der Buße des Johannes
gewesen sein mag und damit auch möglicherweise in einen Zusammenhang mit den Versäumnissen, deren Johannes sich schuldig fühlte, gebracht
werden kann.

Zwar bildeten Gesundheitsprobleme verschiedenster Art in den meisten
Fällen den Hauptgrund zur Durchführung eines Aderlasses, jedoch konnte
er auch, wie aus der Regula des Petrus de Honestis (bis 1119) hervorgeht,
als prophylaktisches Mittel eingesetzt werden:

> *„Si quibus fratribus minutionis usus pro conservatione vel restauratione sanitatis
> necessarius fuerit, exhibendum est eis..."* (3).

Ein weiterer Grund, sich einem Aderlaß zu unterziehen, konnten die
Erleichterungen in der Einhaltung der Regel sein, die dem Aderlaßpatienten
zugestanden wurden. Diese betrafen die Regeln der Mahlzeiten und der
Ruhezeiten (zu den Erleichterungen bei den Mahlzeiten, siehe Wilhelm von
Hirsau (bis 1091), *Constitutiones Hirsaugienses* (4).

Die Erleichterungen hinsichtlich der Ruhestunden fanden ihren Ausdruck
in der Abwesenheit des Patienten beim gemeinsamen Gebet *(officium)*, die ihm
am Tag der Behandlung und in der darauffolgenden Nacht gestattet war: *„Die
igitur illa et nocte sequenti officiis interesse non compellantur"* (5).

Aus der Regel des Petrus de Honestis geht hervor, daß sich die Aderlaßpatienten im Krankentrakt des Klosters oder in ihren Zellen unter Aufsicht

befanden: „...*vel in domo infirmorum vel in privatis locis sub custode permaneant...*" (6).

Vgl. Text, S. 46: „... *solus ibidem in lectulo suo relictus est, putantibus his qui eum custodire susceperant.*"

Die Bemerkung im Visionsbericht „*ex incautela flebothomie*", die auf die Ursache des kritischen Gesundheitszustandes des Johannes zur Zeit seiner Vision hindeutet, bezeugt eine rationale Einstellung des Visionärs oder des Autors zu dem Phänomen Krankheit überhaupt (7).

(9) **accensio ardencium febrium sanguine inflammavit cerebrum** – Diese Schilderung läßt auf eine schwere Infektion schließen, die durch ein Versehen beim Aderlaß verursacht wurde. Wie von P. Dinzelbacher erläutert, kann eine solche Infektion, die mit hohem Fieber einhergeht, zur Bewußtlosigkeit und Ekstase mit Halluzinationen führen (1).

(10) **Cum [per quatriduum] languor cresceret**... – Der Schilderung zufolge handelt es sich hier um die Kulmination der Krankheit, die letztlich zur Vision führte. Eine ähnliche Situation wird ebenfalls in der *Visio Drythelmi* dargestellt: „... *qui infirmitate corporis tactus et hac crescente per dies...*" (1).

Die Schilderung einer die Vision auslösenden Krise entspricht einem typenspezifischen Muster, demzufolge die Visionen von Jenseitsreisen während einer schweren Krankheit des Visionärs geschaut werden. Dies bezeugen zwei Berichte von Jenseitsreisen aus dem 12. Jhd.: Beide Berichte erzählen von einem todesähnlichen Zustand des Visionärs vor oder während seiner Vision.

Vom Visionär Orm wird berichtet: „... *XIII diebus ac noctibus sine motu et sensu iacuit ... neque cibum aut potum penitus sumens, sed semper quasi mortuus iacens*" (2).

Dramatische Umstände begleiten die Vision Tundals, eines Zeitgenossen Reiners, bei denen Tundal während eines Gastmahles kollabiert und drei Tage ohne Bewußtsein ist, während derer er in diesem Zustand die Vision schaut: „...*per trium dierum et noctium spatium jacuit mortuus*" (3).

(11) ... **natalis beati Martini episcopi supervenit dies** – Der Hl. Martin war Bischof der Stadt Tours und Gründer zweier Klöster in dieser Region. Sein Fest fällt auf den 11. November. Mit der Erwähnung des Heiligenfestes stellt Reiner einen Bezug zur Realität der Vision her.

Die *Vita* des Sulpicius Severus berichtet von Martin als dem Sohn eines römischen Soldaten, der wie sein Vater schon von früher Jugend an in der Armee diente – allerdings gegen Willen und Neigung, die, wie sein Biograf hervorhebt – seit frühester Kindheit dem Geistlichen zugewandt waren:„...

sub Iuliano Caesare militavit: non tamen sponte, quia a primis fere annis divinam potius servitutem ... spiravit infantia" (1).

Als Martin zum Kampf gerufen wird, bittet er Julianus, auf die Tatsache Rücksicht zu nehmen, daß ihm als Soldat Christi das Kämpfen nicht erlaubt sei: *„... inquit ad Caesarem, militavi tibi: patere ut nunc militem Deo ... Christi miles sum, pugnare mihi non licet"* (2).

Nach dieser Erklärung habe der Heilige, in vorderster Front stehend, unbewaffnet und nur mit dem Zeichen des Kreuzes gerüstet, den Sieg über den Feind errungen: *„... signo crucis non clipeo protectus aut galea"* (3).

Aus der Sicht der vorliegenden Vision stellt diese Begebenheit aus der *Vita Martini* eine Beziehung zu dem Heiligen Mauritius her, der es ebenfalls als römischer Soldat – allerdings unter ganz verschiedenen Umständen, ablehnte, am Kampf teilzunehmen (s. Anm. 71).

Auch die hagiografische Literatur kennt eine Verbindung zwischen beiden Heiligen. So wird berichtet, daß die Reliquien des Hl. Mauritius und seiner Soldaten 388 in die Hände des Hl. Martin gelangten und von ihm in der Kathedrale von Tours geborgen wurden (4).

Hier verdient noch erwähnt zu werden, daß die Verbindung zwischen beiden Heiligen noch im 16. Jhd. einen Teil der Tradition bildete. Dies geht aus einem Wandteppich von Angers aus dieser Zeit hervor, auf dem das Auffangen des Blutes von Mauritius und seiner Soldaten durch Martin dargestellt ist (5).

Schon vor der Zeit Johannes' und Reiners hatte in der Nähe des Klosters von St. Laurentius eine dem Hl. Martin geweihte Kirche bestanden. Sie wurde noch vor der Klostergründung durch Euraclius, Bischof von Lüttich, dem Hl. Martin als Dank für eine wundersame Heilung von einem Augenleiden errichtet (6).

(12) **in cellulam secretiorem** – Seinem kritischen Zustandes nach zu urteilen, wird Johannes in den Krankentrakt des Klosters verbracht worden sein, der auch bei Reiner in seinen *Libri Lacrym.* Erwähnung findet: *„... dum ... immanem ursum a domo infirmorum ... exire viderem..."* (1).

Ein separater Raum – ein Zimmer oder eine Zelle im Krankentrakt, von dem in der Vision die Rede ist, war auch im Benediktinerkloster von St. Gallen vorhanden, in dessen Nähe sich ein Gebäude zur Durchführung von Aderlässen befand (2).

Es ist anzunehmen, daß ähnliche Bedingungen wie in St. Gallen auch im Kloster von St. Laurentius vorherrschten und daher die in der Vision bezeichnete *cellula secretior* eine separate Zelle im Krankentrakt war.

Andererseits muß auch die Bemerkung Reiners in seinem Werk *De ineptiis* Berücksichtigung finden, nach der er selbst während einer schweren

Krankheit in die Krypta der Klosterkirche verbracht worden sei. Diese
Krypta war die in unmittelbarer Nähe zur Kirche gelegene, der Hl. Maria
gewidmete Grablege Bischofs Wolbodo:

> „*Igitur in criptam sanctae Dei genitricis ad sepulchrum domni episcopi Wolbo-
> donis ... delatus sum*" (3).

(13) ... **ad vespertine laudis officium**.... –

   a) **officium** – die Gesamtheit der sieben Gebetszeiten, wurde von Bene-
      dikt von Nursia (bis 547) als verbindlich für die Mönche seines
      Ordens festgesetzt unter Zugrundelegung des Psalmenabschnittes
      119, 164, in dem es heißt:

   > „*septies in die laudem dixi tibi super iudicia iustitiae tuae.*"

   Die Gebetszeiten erläutert Benedikt wie folgt:

   > „*Qui septenarius sacratus numerus a nobis sic implebitur, si matutino,
   > primae, tertiae, sextae, nonae, vesperae completioriique tempore nostrae
   > servitutis officia persolvamus*" (1).

   b) **vespertine laudes** – Das frühe Abendgebet.

(14) ... **putantibus ... quod obdormisset** – Aus dieser Schilderung läßt sich
     ersehen, daß sich Johannes im Dämmerzustand des Halbschlafs befin-
     det. In der *Visio Wettini* begegnen wir einem ähnlich beschriebenen
     prä-visionären Zustand des Visionärs:

   > „*Membris ... in lectulo compositis, oculis tantummodo clausis et necdum
   > in somnum ... resolutis venit malignus spiritus...*" (1).

(15) ... **factus in extasi id est excessu mentis** – Mit diesen Worten wird der
     Zustand Johannes', der Austritt der Seele aus dem Leib, am Anfang
     seiner Vision geschildert. Auf diesen Zustand weist auch die Übersetz-
     zung bei DuCange, *Glossarium med. et infim. lat.*, vol. II, S. 229 des
     Begriffes *exstasis* mit *animi a sensibus alienatio* – d. h. die Trennung
     der Seele von den Sinnen, d. h. vom Leib, hin.

Der Kirchenschriftsteller Tertullian (bis 220), der das griechische Wort
ecstasis in die lateinische Sprache einführte, ist auch der erste christliche
Autor, der in verschiedenen Schriften eine Verbindung zwischen Ekstase
und Vision herstellt, wobei er aber der Ekstase die Qualität des Wahnsinns
zuschreibt: „*Hanc vim ecstasim dicimus, excessum mentis [et amentiae
instar]*" (1).
     Dieses Bewußtsein von der Beziehung der Ekstase zur Vision kommt auch
in der lateinischen Übersetzung des Neuen Testaments durch Hieronymus

zum Ausdruck. An zwei Stellen der Apostelgeschichte, in denen von einer Vision die Rede ist, übersetzt er das griechische Wort *ecstasis* mit *excessus mentis* (2). Anders als bei Tertullian ist aber bei Hieronymus die Bedeutung des Phänomens nicht mehr negativer, sondern positiver Natur (3).

Aus mittelalterlichen Visionsberichten geht hervor, daß der Austritt der Seele aus dem Leib die Ekstase, den Beginn der Vision, wohingegen der Wiedereintritt der Seele des Visionärs in den Leib, ihr Ende kennzeichnet.

Wie P. Dinzelbacher bemerkt, kann eine Ekstase in einem todesähnlichen Zustand einige Stunden, oder in Extremfällen Tage und Wochen andauern (4).

Bei der Schilderung dieses Zustandes während der Vision des Johannes wechselt Reiner zwischen *ecstasis* und *excessus mentis* (5).

Bemerkenswert ist aber, daß er in dem vorliegenden Visionsbericht dem für diese Texte eher typischen Begriff *ecstasis* die untypische Ergänzung „*id est excessus mentis*" hinzufügt. Hier ist nicht auszuschließen, daß Reiner damit dem Kommentar Hugos von St. Viktor (bis 1141) zur *Hierarchia coelestis* des Dionysios Areopagites (5. Jhd.) folgt, der zur Lebenszeit Reiners in der Bibliothek von St. Laurentius vorhanden war (6). Über *ecstasis* und *excessus mentis* schreibt Hugo: „*Unde et in sacra Scriptura sanctos viros spiritu dei afflatos exstasim, id est mentis excessum, aliquoties passos invenimus*" (7).

Für Hugo ist der Austritt der Seele aus dem Leib ein Weg zum Verstehen verborgener Dinge:

> „...*quoniam supra rationem et sensum humanum ducti in hoc a ratione et sensu excesserunt, quo ad id, quod altius ratione erat, pertingentes ... ab ipso illuminari coeperunt. Illis ergo excessus fuit in eo quod amplius acceperunt...*" (8).

Auf eine enge Beziehung zwischen Ekstase und Kontemplation als Mittel der Erleuchtung, d. h. des Erfahrens verborgener Dinge, weist die auch Vita Anskars (9. Jhd.) hin:

> „... *ita ut fere omnia ... sive per somnium, sive per intimam revelationem in mente (=contemplatio), sive per excessum ipsi cognita fuerint*" (9).

(16) **vestibulum** – Die Bedeutung des Wortes im Zusammenhang mit der vorliegenden Vision kann nicht eindeutig bestimmt werden. Im *Glossarium med. et infim. latinit.* vonDuCange wird das *vestibulum* mit dem Raum im Kloster definiert, in dem der Priester die Meßgewänder anlegt. Als eine andere Möglichkeit der Interpretation bietet sich an, das *vestibulum* als Nische in einer Empore im Kirchengebäude anzusehen, die eine Anzahl von Bögen, von Stützpfeilern gehalten, den Eindruck eines halbdunklen Labyrinths vermittelt (1). Auch das Hauptschiff *(media ecclesia)* kann als *vestibulum* bezeichnet werden (2).

Auch bei Otloh von St. Emmeram wird ein *vestibulum* erwähnt, allerdings dient es hier als Versammlungsort für die Mönche, der möglicherweise einen Teil des Kirchengebäudes selbst oder ein der Kirche angeschlossenes Gebäude bildet (3).

Im Hinblick auf die Rolle des *vestibulums* bei der Eröffnung der Vision wird es angebracht sein, in ihm eine Nische in einer Empore des Kirchengebäudes oder das Hauptschiff selbst zu sehen.

(17) ... **cui pictura obtendebatur** – Bei diesem Bild, das sich den Augen Johannes' bietet, ist möglicherweise die Rede von einem Fresko oder Wandteppich, die von Reiner in seinem Autorenkatalog im Kapitel über Abt Wazelinus II. erwähnt werden. In diesem Kapitel berichtet Reiner im Zusammenhang mit dem vom Abt verfaßten Werk *De Concordia Evangeliorum*, wie folgt: „Die Wandgemälde und Wandteppiche in einigen Kirchen (oder Klöstern) veranschaulichen aufs Schönste die allegorische Harmonie zwischen Altem und Neuem Testament, wie sie Wazelinus (im obigen Werk) lehrt" (1). Auf Gemälde und Wandteppiche, in denen Themen aus der Heiligen Schrift dargestellt und die von Reiner erwähnt werden, weist auch ein Zeugnis aus der *Collectio Scriptorum Vet. Amplissima* hin. In diesem Zeugnis werden derartige Arbeiten dem Abt Wazelinus zugeschrieben: „*Hic (sc. Wazelinus II.) in ordinandis picturis vel texturis allegoricarum materiarum tam veteris testamenti quam novi testamenti, singulari pollebat ingenio*" (2).

Ebenfalls erwähnenswert sind hier die eindrucksvollen Beispiele der künstlerischen Aktivitäten des Klosters von St. Laurentius auch der Folgezeit, wie z. B. die Arbeiten des Mönchs Jean de Looz (Jean Peecks [bis ca. 1510]), des nachmaligen Abts von St. Laurentius. Dieser zeichnete sich durch eine sich über drei Jahrzehnte erstreckende künstlerische Tätigkeit aus, im Laufe derer er sein Kloster und verschiedene Kirchen in Lüttich mit seinen Arbeiten ausstattete. Ein Teil seiner Arbeiten war in St. Laurentius noch bis 1790 zu sehen (3).

(18) ... **sentiebat personam tenentem in manu radium eburneum** –

a) **radius eburneus** – Synonym für *baculus, sceptrum, virga,virgula*.
Die Gestalt, deren Gegenwart Johannes über sich fühlt, ist die des Hl. Laurentius, die aber zunächst von ihm nicht erkannt wird. Der Grund hierfür ist vermutlich darin zu suchen, daß der Heilige hier durch keines seiner bekannten Attribute gekennzeichnet ist. Er stellt sich Johannes dar als eine Gestalt mit einem Stab (Zepter) aus Elfenbein – ein Attribut, das allgemein den Bischöfen unter den Heiligen vorbehalten ist. Eine solche Schilderung

findet sich auch in einer Erzählung Euraclius', Bischof von Lüttich, vom Hl. Martin: „*... locum morbi cuspide baculi sui tangens...*" (1).

Zum Stab (Zepter) in der Hand des Bischofs in seiner Bedeutung als Hirtenstab nahm Honorius von Autun (bis 1150) in seinem Traktat *De divinis officiis* Stellung. Hier unterscheidet Honorius zwischen dem langen Stab (*baculum*), der die Glaubensautorität symbolisiert, und dem kurzen (*virgula*). Honorius zufolge symbolisiert der kurze Stab nicht nur die Gewalt des Herrschens (*potestas regiminis*), sondern dient gleichzeitig auch als erzieherisches Mittel zur Korrektur der Bösen und der Unruhestifter:

> „*Et quia episcopi pastores gregis Dominici sunt, ut Moyses et apostoli fuerunt, ideo baculum in custodia praeferunt. Per baculum ... auctoritas doctrinae designatur. Per virgam, qua improbi emundantur, potestas regiminis figuratur. ... virgam bajulant [pontifices], ut per potestatem inquietos corrigant*" (2).

Der vorliegende Visionstext deutet eindeutig auf die Bedeutung des Stabes in der Hand des Hl. Laurentius als erzieherisches Mittel hin. Dies geht aus den Worten des Heiligen hervor, die praktisch eine Anklage gegen Johannes bilden, bei denen der Visionär allerdings nicht namentlich genannt wird (zum Hintergrund der anklagenden Worte des Heiligen, s. Anm. 23).

Der zweite Teil der Begegnung Johannes' mit dem Hl. Laurentius (s. Text, S. 2) schildert eine Situation, in der der Heilige seinen Stab gegen das Haupt des Visionärs richtet, während er ihn mit strengen Fragen bedrängt.

Der pädagogische Charakter dieser Szene wird in der Folge auch durch den Gebrauch des Wortes *virgula* (Rute [statt des Wortes *radius*, das ebenfalls den kurzen Stab kennzeichnet]) unterstrichen, dessen Konnotation mit der Züchtigung des Schülers durch den Meister auch im Mittelalter nur allzu bekannt ist. Der Gebrauch der Rute als klassisches Erziehungsmittel in dieser Epoche wird auch von Handschriften-Illuminationen bezeugt, u. a. auch in der bekannten Illumination im Codex *Manessische Liederhandschrift*, Zürich, AD 1310/1340, Uni-Bibl. Heidelberg, Cod. Pal. Germ. 848, fol. 292 v (3).

In diesem Zusammenhang drängt sich das Zeugnis auf, das Reiner von seinem Lehrer Johannes übermittelt hat – vor allem aber von dessen pädagogischer Rute, die der Schüler ‚mehr fürchtete als jemals zuvor jemand die Keule des Herkules gefürchtet hat' (4).

Daher ist es nicht ausgeschlossen, daß sich Reiner bei der Schilderung der autoritären, das Zepter in der Hand haltenden Gestalt des Hl. Laurentius, von seiner eigenen Erfahrung als Schüler des Johannes leiten ließ, wenngleich es sich hier auch um einen Topos aus der antiken römischen Dichtung handeln könnte.

Die Jugenderinnerungen Reiners finden möglicherweise ihren Nachhall auch in anderen seiner Schriften. Reiner benutzt häufig die Metaphora *virga irae Dei* zur Bezeichnung eines großen Leides, das von ihm als unmittelbare Strafe Gottes angesehen wird:

> „... *virgam irae Dei super me vigilantem tunc graviter sensi, qua percussus, qua pene ad nichilum redactus sum*" (5).

Auch der Historiograf Sigebert von Gembloux aus demselben geografischen Raum wie Reiner hinterläßt in seinem Schlußwort zu seinem Werk *Passio Sanctorum Thebaeorum* ein ähnliches Zeugnis: *„Hic ferulam timui vultu terrente magistri"* (6).

Die physische Bestrafung der Schüler war aber nicht auf den Klassenraum beschränkt; sie bildete einen wesentlichen Bestandteil in der traditionell strengen Zucht, wie sie in den Klöstern gegenüber den Kindern geübt wurde. Von ihr berichtet P. Riché in seinem Artikel ‚*L'enfant dans la société monastique au XIIe siècle*'. Riché führt ein Beispiel aus dem *Corpus consuetudinum monasticarum* an, das die Erziehungsmethoden des Klosters von Eynsham schildert: Unter anderem habe der Zögling sich immer „auf Rutenlänge" in der Nähe des Erziehers zu befinden (7).

In der dritten Szene der Begegnung zwischen Johannes und dem Hl. Laurentius hingegen, in der der Stab (Zepter) des Heiligen ebenfalls erwähnt wird (s. Text, S. 3), symbolisiert dieser eine andere Funktion des Heiligen. Hier ist die Begegnung von versöhnlicherer Stimmung des Heiligen geprägt: Der Hl. Laurentius beugt sich wohlwollend zu dem vor ihm ausgestreckten Visionär hinab und berührt ihn mit seinem Stab.

Eine Verbindung läßt sich eventuell zwischen der Berührung des kranken Johannes mit dem Stab durch den Heiligen und seinem Versprechen, Johannes' Leben zu verlängern (s. Text, S. 48) herstellen. Auf eine solche Verbindung im Alten Testament zwischen Gebärde des Königs und Spende des Lebens weist ein Abschnitt aus dem Buch Esther hin: „... *nisi forte rex auream virgam ad eum tenderit pro signo clementiae atque ita possit vivere...*" (Esther, 4, 11).

Zur Geste des guten Willens des Heiligen dem Visionär gegenüber läßt sich eine weitere Parallelstelle aus dem Buch Esther anführen:

> „... *ille ex more sceptrum aureum protendit manu, quo signum clementiae monstrabatur, illaque consurgens stetit ante eum et ait...*" (Esther, 8, 4).

b) **eburneus** – In seinem Werk *Allegoriae in universam sacram* legt Rabanus Maurus (bis 856) das Wort *ebur* als Allegorie für Stärke/Kraft/Heldenhaftigkeit aus: *„Ebur dicitur[castitas], fortitudo"* (8).

Vielleicht wollte Reiner mit der Erwähnung des Stabes aus Elfenbein an die außergewöhnliche Heldenhaftigkeit im Martyrium des Hl. Laurentius erinnern, wenngleich betont werden muß, daß das Wort *fortitudo* im

Zusammenhang mit seinem Martyrium in anderen Schriften über den Heiligen nicht vorkommt.

Zwei weitere Erklärungen für die Wahl des Elfenbeins, aus dem der Stab des Laurentius gefertigt ist, bieten sich an. Möglicherweise war es Reiner darum zu tun, den Heiligen in all seinem Glanz, durch das Elfenbein verkörpert, visuell darzustellen.

Die andere Erklärung hierfür wäre, daß die Wahl gerade dieses Materials auf der Vertrautheit Reiners mit dem Elfenbein gründet. Darauf deutet der häufige Gebrauch von liturgischen Geräten aus Elfenbein in seiner Umgebung hin. Wie in den Zeiten vor Reiner, war auch zu seiner Lebenszeit der Gebrauch von elfenbeinernen liturgischen Geräten in den Ländern Nord-West-Europas sehr verbreitet. Besonders in den Städten Mailand, Köln, Trier, Fulda, Echternach waren Werkstätten zur Verarbeitung von Elfenbein häufig anzutreffen, die für und unter dem Schutz von Bischöfen und Klöstern arbeiteten. In diesen Werkstätten wurden Reliefs, Statuen, Kreuze, Tragaltäre, Reliquienbehälter geschaffen, sowie Einbände liturgischer Bücher und andere Gegenstände hergestellt.

Eine detaillierte Beschreibung der vielfältigen Kultgegenstände und Statuen aus Elfenbein aus der genannten Zeit und demselben geografischen Raum bietet der Katalog „Rhein und Maas: Kunst und Kultur 800–1400", Köln, Schnütgen-Museum, 1972–1973.

(19) ... hanc rationem habentem cum circumstantibus quibusdam – Reiner läßt den Leser über die Identität der Umstehenden, an die der Heilige hier zunächst einmal das Wort richtet, im unklaren. Der Inhalt der Rede läßt aber vermuten, es handelt sich hier um eine Gruppe „Eingeweihter", die mit den Umständen, wie sie sich in den Worten des Heiligen darstellen, vertraut sind. Deshalb kann angenommen werden, es sind Mönche, möglicherweise Brudermönche des Johannes, die zur Zeit des Visionsgeschehens nicht mehr am Leben waren.

Diese Annahme wird gestützt vom Fortgang der Szene, im Laufe derer den Umstehenden eine fürsprechende Rolle für Johannes zufällt

„... *miserantibus eum cunctis circumstantibus* ... *Tunc benignissimus beatus ... Laurentius ad voluntatem circumstantium flexus est...*" (s. Text, S. 48).

(20) **O quam delectabile ... intendere animum ...** – Eine gleichlautende Aussage macht Reiner in einem seiner früheren Werke, der *Vita sanctae Mariae Viriginis Cappadocis* (1).

Diese Worte des Hl. Laurentius weisen auf die *lectio divina* hin, eine zentrale Beschäftigung im Leben der Mönche, d. h. auf das Studium der Heiligen Schrift, wie es nach der Regel Benedikts schon vom frühen Mönchtum an neben der praktischen Arbeit einen festen Platz im Tagesablauf der Mönche einnahm:

> *„… certis temporibus occupari debent fratres in labore manuum, certis iterum horis in lectione divina…"* (2).

Während der Ausübung der *lectio divina* wird von dem Mönch die Enthaltung von allen Beschäftigungen gefordert, die von dieser Übung ablenken könnten, so daß er, wie von Isidor von Sevilla (bis 636) formuliert, zu einem *abstractus a vanitatibus mundi* („ein von den Nichtigkeiten der Welt Abgekehrter") werden muß (3).

Das Thema der *lectio divina* wurde von den Theologen immer wieder aufgegriffen und ihre Bedeutung für die persönliche Heiligung des Mönchs hervorgehoben. Sie folgten damit Ambrosius von Mailand, der lehrte:

> *„Illum alloquimur cum oramus, illum audimus cum divina legimus oracula"* (4).

Die Wahrnehmung Gottes (*„illum audimus"*) wird bei Isidor noch um ein persönliches Element erweitert, in dem Gott durch die *lectio divina* mit dem Lesenden spricht:

> *„Qui vult cum Deo semper esse, frequenter debet orare, frequenter et legere. Nam cum oramus, cum Deo ipsi loquimur; cum vero legimus, Deus nobiscum loquitur"* (5).

Für Isidor ist das häufige Lesen in der Schrift auch ein Schlüssel zum Verstehen ihrer Bedeutung:

> *„Nemo potest 'sensum Scripturae sanctae cognoscere, nisi legendi familiaritate…"* (6).

Das Verstehen des Schriftsinnes führt nach Isidor den Lesenden zur Gottesliebe hin, eines der beiden „Geschenke", die die intensive Lektüre der Schrift für ihn bereithält:

> *„Geminum confert donum lectio sanctarum Sripturarum sive quia intellectum mentis erudit, seu quod … hominem ad amorem Dei perducit"* (7).

Johannes und Reiner hatten in der Bibliothek ihres Klosters Gelegenheit, sich mit den bedeutenden Vertretern der Schriftauslegung, wie Ambrosius, Augustinus, Origenes, Hieronymus, Gregorius I., Beda Venerabilis, Rupert von Deutz und Bernhard von Clairvaux vertraut zu machen (8).

(21) **… in talium gestorum materia.…** – Der Historiker Claude Carozzi erwähnt in seiner Forschung über Jenseitsreisen einen erweiterten Gebrauch von *gesta* und setzt diesen in einen Kontext mit der Schriftauslegung: Carozzi zufolge bezeichnet *gesta* den historischen Sinn der Bibel (1).

(22) ... **dare pulchritudinis eloquium** – Hier handelt es sich um einen
äußerst seltenen Sprachgebrauch. In einer Schrift Bedas erscheint diese
Wortverbindung in Zusammenhang mit der Tätigkeit des Predigens
über die Lehre Christi:

> *„... apostoli vel praedicatores ... excelsa et sublimia meditantes dant eloquium
> pulchritudinis, praedicantes ... doctrinam Salvatoris"* (1).

Eine weitere Belegstelle findet sich bei Hugo von St. Viktor (bis 1141), der
jedoch *pulchritudinis eloquium* im Sinne von Lob Gottes interpretiert:

> *„Unde in pascha primum sacrificium fiebat et laus deo quam vocat eloquium
> pulchritudinis"* (2).

(23) **Hanc intentionem ... cordi habuisset...** –

In den Worten des Heiligen, obwohl scheinbar an die Umstehenden gerichtet, liegt ein Vorwurf gegen Johannes. Ihm wird mit den Worten des Heiligen vorgehalten, zweien seiner Pflichten als Priestermönch (s. Anm. 5) nicht
hinreichend nachgekommen zu sein.

Die erste Pflicht betrifft die *lectio divina* (s. Anm. 20) und bezieht sich
damit auf das Leben des Johannes als Mönch in seinem Streben nach persönlicher Heiligung.

Die zweite Pflicht bezieht sich auf die *cura pastoralis* zu deren Aufgaben
im Priesteramt die Tätigkeit des Predigens als ein wesentlicher Teil gehört.
Nach den Worten des Heiligen kommt Johannes dieser Pflicht im Kloster
nur unzureichend nach. Während er so durch die Nachlässigkeit in der *lectio divina* nicht nur ungenügend für sein eigenes Heil sorge, lasse er es –
nach den Worten des Heiligen – auch an der nötigen Sorge für das Seelenheil
seiner Mitbrüder fehlen.

Der Verweis auf die priesterliche Pflicht des Predigens, der Johannes im
Rahmen seines Klosters nach Meinung des Hl. Laurentius nur unzureichend
nachkomme, ist dazu angetan, ein zur Zeit Johannes' und Reiners aktuelles
Problem anzusprechen: Dem weiteren Verlauf der Vision nach hatte Johan-
nes für eine gewisse Zeit seelsorgerische Funktionen auf einem der Kloster-
güter ausgeübt (s. Text, S. 55). Damit oblag ihm die Verantwortung für das
Seelenheil der auf dem Gut lebenden Bevölkerung, die u. a. das Lesen der
Messe und das Predigen umfaßte.

Dabei stellt sich die Frage, weshalb Johannes des mangelnden Predigens
nur vor seinen Mitbrüdern, nicht aber auch vor der Gemeinde des Klostergutes beschuldigt wird, auf dem er zeitweilig tätig war.

Ein Ansatz für eine Antwort hierauf mag sein, daß zu dieser Zeit die
Rechte und Befugnisse der Priestermönche außerhalb der Klostermauern
Gegenstand innerkirchlicher Diskussion bildeten. Sie führte zum Beschluß

der Synode von 1123, in dem den Priestermönchen das Recht der Ausübung der *cura pastoralis* in den Laiengemeinden entzogen und ihnen nur noch private Messen, die *missae sine populo* gestattet wurden: „*Interdicimus abbatibus et monachis publicas poenitentias dare, et infirmos visitare, et unctiones facere, et missas publicas cantare*" (1).

Gegen diese Beschneidung der Rechte und Befugnisse der Priestermönche kämpfte Rupert von Deutz (ca. bis 1129) an, ehemaliger Ordensbruder in St. Laurentius, und forderte für sie gleiche Pflichten und Rechte ein, wie sie die Weltpriester innehatten.

Auf diese Forderung weist das Beispiel aus einer von Ruperts Schriften zu diesem Thema hin:

> „*Est autem plenum officium sacerdotalis ministerii baptizare, praedicare, his similia, et missas cantare. Si igitur hoc non licet monachis qui ordinantur, ergo pleni presbyteri, sed semipresbyteri vocantur... Quia autem est impossibile non ordinare, qui ordinantur; huic autem qui ordinantur omnis potestatis si officii conceditur, ergo omnis monachus presbyter praedicare, baptizare debere concluditur*" (2).

Allem Anschein nach wurde der Beschluß der Synode von 1123 in St. Laurentius nicht in vollem Umfang durchgeführt, worauf der im Fortgang der Vision vom Hl. Mauritius gegen Johannes geäußerte Vorwurf hindeutet:

> „*... numquam vel semel missarum solempnia celebrasti*" (s. Text, S. 55).

(24) ... **radium ... intentans ejus capiti** – s. Anm. 18.

(25) ... **beatus ... Laurentius patronus meus est...** – Aus den Johannes bedrängenden Fragen des Heiligen und den Antworten Johannes': „*... ille me puerum suscepit, nutrivit et docuit...*" (s. Text, S. 47) läßt sich schließen, daß sich das Patronat des Hl. Laurentius nicht ausschließlich auf die Institution des Klosters erstreckt, sondern auch den individuellen Bewohner in seine Gesamtheit mit einbezieht. Damit beinhaltet das Patronat auch die Fürsprache des Heiligen im Jenseits für die Seele des Mönchs nach seinem Tod (s. Text, S. 50–52).

Die Forschung setzt für den Beginn einer persönlichen Bindung zwischen dem Gläubigen und einem Heiligen zu einem späteren Zeitpunkt, etwa Ende des 12. bis Anfang des 13. Jhds. an (1).

Erste Anzeichen für die Ausbildung einer persönlichen Bindung hatte es aber schon in der Zeit ab der ersten Hälfte des 11. Jhds. gegeben. Zwei Zeugen aus der genannten Epoche weisen im Zusammenhang mit dem Hl. Laurentius darauf hin. Das frühere findet sich in einer von Reiner verfaßten *Vita* Wolbodos, Bischof von Lüttich (bis 1021):

„Corpus autem venerabile ... ad hanc domum martyris (sc. Laurentii) quem sibi specialem fecerat patronum ... delatum ... Nam si advixisset diu, quantum erga te (sc. Laurentium) suam extendisset devotionem..." (2).

Das spätere ist ein von Rupert von Deutz selbst abgegebenes, persönliches Zeugnis. Hier wird das besonders innige Verhältnis Ruperts zum Hl. Laurentius, dem Patron des Klosters, deutlich, das auch noch während Ruperts Amt als Abt von Deutz nichts an Intensität eingebüßt hatte. In einer Schrift, die er gegen Ende seines Lebens anläßlich des Brandes schrieb, der große Teile des Klostergrundes von Deutz erfaßt hatte, wandte sich Rupert im Gebet an den Heiligen und „erinnerte" ihn an die Vision, während derer ihn der Heilige geküßt habe: *„... o beate Laurenti, ... iuxta presagium memorandi oromatis, quo mihi osculum dare visus es ..."* (3).

Auch aus der Literatur der Jenseitsreisen des 12. Jhds. wäre hier ein Beispiel eines persönlichen Schutzheiligen anzuführen. In der Vision des Tundal trifft dieser, noch im Paradies, vor seiner Rückkehr ins Leben eine Gestalt, die sich als sein Schutzheiliger zu erkennen gibt:

„... affuit ei sanctus Ruadanus ... cum magna letitia salutans eam (sc. animam) et amplectens intime caritatis visceribus ait: ... Dominus custodiat introitum tuum et exitum tuum ex hoc nunc et usque in saeculum. Ego sum, ait, Ruadanus, patronus tuus, cui jure debitor es sepultre" (4).

(26) ... **me puerum suscepit** – Mit dieser Antwort auf die Frage des Heiligen bezeugt Johannes, daß er – wie Rupert von Deutz vor und Reiner nach ihm – in das Kloster als *oblatus* aufgenommen wurde (1). Von Rupert als *oblatus* berichtet Reiner, daß dieser von Kind auf im Kloster von St. Laurentius erzogen wurde: *„Hic a puerulo penes nostrum est educatus monasterium"* (2).

Oblati waren Kinder, deren Eltern sie in jungem Alter einem Kloster zur Erziehung übergaben oft mit dem Ziel des endgültigen Eintritts des Heranwachsenden in ein Kloster. Diese Praxis wurde schon im Konzilsbeschluß von Toledo i. J. 633 verankert, der festsetzt, daß *„Monachum aut paterna devotio aut propria professio facit"* (3).

Mit der Übergabe des Kindes durch die Eltern fiel die volle Verantwortung für sein Wohlergehen und seine Erziehung dem Kloster zu. Die umfassende Sorge für den Zögling war schon in der Magisterregel (6. Jhd.) verankert, wie sich aus dem Begriffspaar *nutrire* und *erudire* zeigt, das hier im Zusammenhang mit der Institution der *oblatio* erscheint (4).

Mit dem Begriffspaar *nutrivit et docuit* befindet sich der Verfasser der Vision auch ganz im mittelalterlichen Sprachgebrauch (5).

(27) ... **ne forte illusio esset ... cepit ... frontem suam signo crucis armare.** ... **Non, frater, fantasmate deluderis...** – Die hier beschriebene Szene

gibt ein Bild von der Ungewißheit Johannes' über die Art der Vision, die er schaut. Um sich daher vor jeder Gefahr zu schützen, macht er auf seiner Stirn das Kreuzzeichen.

Von einer ähnliche Situation der Unklarheit über die Natur einer Vision und der Vorsichtsmaßnahme berichtet Reiner als von ihm selbst erlebt und beschrieben:

> *"... signaculo sanctae crucis frontem, oculos pectusque signavit, ne aliquod forte phantasmata esset..."* (1).

Jedoch steigt im Verlauf des Gespräches mit dem Heiligen in Johannes der Verdacht auf, er könne einer Teufelsvision erlegen sein.

Ein solcher Verdacht seitens des Visionärs ist untypisch für Berichte von Jenseitsreisen, ebenso wie die Tatsache, daß sich Johannes über die Identität der Gestalt, die zu ihm spricht im Ungewissen befindet.

Die Befürchtung des Visionärs, einer Täuschung zu erliegen, d. h. eine Vision zu schauen, die vom Teufel geschickt ist, begleitete schon die Wüstenmönche. Sie unterschieden zwischen „wahrer" Vision, d. h. von Gott kommend, und den „Visionen des Teufels", die von ihnen als *phantasma* oder *illusio* bezeichnet wurden. Die Furcht der Visionäre bestand darin, durch eine „falsche" Vision getäuscht und durch sie unwissentlich zur Sünde verführt zu werden.

Ein anschauliches Bild von der Größe der gefürchteten Gefahr vermittelt eine Erzählung aus der *Vita Antonii*, in der sich eine Gruppe von Wüstenmönchen zum Abt Antonius begibt, um ihn über die Unterscheidung zwischen wahrer und falscher Vision zu befragen:

> *"Venerunt ... fratres ... ad locum abbatis Antonii, ut illum consulerent de quibusdam phantasmatibus, quae videbant atque interrogarent, an vera essent vel a diabolo ..."* *„... venimus ... interrogare et consulare te: quoniam videmus phantasma, quae ... vera dicere videntur, ideo timemus, ne decipiamur..."* (2).

Ein Zeugnis aus der Sammlung von Mirakelgeschichten bei Petrus Venerabilis (bis 1156) macht deutlich, daß die Befürchtung, in der Vision einer Täuschung zu erliegen, die Mönche zumindest auch noch bis ins Hochmittelalter hinein beunruhigte. In dieser Sammlung wird ein Visionär erwähnt, der den wahren Ursprung seiner Vision erst im Nachhinein erkannte:

> *"... daemoniacam fuisse illusionem agnovit..."* (3).

Allerdings war schon von den Wüstenmönchen ein Mittel gefunden worden, sich gegen den Teufel, der in einer Vision erscheint, zu wappnen und bestand, wie in der *Vita Pachomii* berichtet wird, in der Gebärde des Bekreuzigens der Stirn:

> *"Qui signo crucis frontem suam muniens exsufflavit in eum (sc. diabolum) moxque (sc. diabolus) fugatus est"* (4).

Von dieser Vorstellung der Wirkmächtigkeit des Kreuzzeichens, die sich schon früh in der Glaubenspraxis hatte durchsetzen können, gab der Pariser Theologe Hugo von St. Viktor (bis 1141) eine einschlägige Beschreibung:

> *„Signaculum crucis virtutem passionis Christi ostendit. Hoc ergo quando fronte imprimitur, Christianus munitur. Quando contra imminens periculum opponitur, adversaria virtus fugatur"* (5).

(28) ... **iacentem virgula tangens**... – virgula/virga/baculus: auch Zepter (s. Anm. 18).

(29) ... **et tot annis vita in corpore prolongabitur tibi** – Hier kündigt der Heilige dem Visionär an, er werde sein Leben um die Anzahl der Jahre seines bisher gelebten Lebens verlängern, um ihm damit Gelegenheit zur Umkehr zu gewähren. So gibt die Textstelle in etwa Aufschluß über den Lebensabschnitt, zu dem Johannes die Vision erlebte, d. h. er befand sich auf der Mitte seines Lebens.

Zur Zeit Johannes' und Reiners wurde die Dauer eines Menschenlebens allgemein mit 70 Jahren, seltener auch mit 75 oder 80 Jahren angesetzt.

Demnach läßt sich das Alter Johannes' zur Zeit seines Visionserlebnisses mit etwa 35 Jahren vermuten.

(30) **Ego inspector et testis adero** – Mit diesen an Johannes gerichteten Worten bekennt sich der Heilige zu seiner Funktion auch als persönlicher Schutzheiliger des Visionärs (s. Anm. 25). In dieser Eigenschaft als Verantwortlicher für das Seelenheil des Visionärs wird er von nun an Johannes' Werke genau überwachen. Sollte Johannes die Gelegenheit zur Umkehr ungenutzt verstreichen lassen, wird ihm – wie aus den weiteren Worten Laurentius' hervorgeht – der Heilige ein furchtbarer Richter sein.

Die Vorstellung von der Überwachung des Lebenswandels des Gläubigen durch den Schutzheiligen und dessen Funktion als Richter der Seele im Jenseits findet ihren Ausdruck auch im Traktat *De Elucidarium* Honorius' von Autun (bis 1154). Aus der folgenden Belegstelle wird die Unmittelbarkeit und der Umfang der Beaufsichtigung des Gläubigen durch den Heiligen deutlich:

> *„Discipulus: Scient omnes sancti quod ego feci?*
> *Magister: Utique, non solum quae fecisti, sed unquam vel cogasti vel dixisti, aut aliquis homo sive bonum sive malum, indelebiliter cognoscent"* (1).

Hier geht Honorius sogar noch einen Schritt über das persönliche Aufsichtsverhältnis des Heiligen über seinen Schützling hinaus und legt fest, daß *alle Heiligen* von den Werken, Taten und Worten *aller Gläubigen* wüßten. Mit diesem Wissen um die Lebensführung der Gläubigen ausgerüstet, können die Heiligen so bei jeder einzelnen Seele als ihr Verteidiger (oder ihr Ankläger) auftreten.

Die Erwähnung der Rolle des *examinator*, wie sie der Heilige im Leben Johannes' künftighin übernehmen wird, spielt auf den Einfluß an, den der Heilige nach dem Tod des Visionärs als sein Richter ausüben wird. Jedoch kann hier die Bedeutung des Wortes *examinator* noch um eine Beziehung zur Seelenwägung erweitert werden (2).

Eine Illumination einer Handschrift aus dem 12. Jhd. vermittelt ein anschauliches Bild einer solchen Seelenwägung: Die Mitte der Seite nimmt das Bild Gottes in seiner Funktion als Richter ein. Ihm gegenüber stehen Heilige, von denen einer die Seelenwaage in den Händen hält, während ein anderer einen Kodex auf die Waagschale der guten Taten legt, so daß sich diese nach unten neigt und die Seele des kurz zuvor verstorbenen Schreibermönchs von einem Engel in die Himmelshöhen getragen werden kann. Der dabeistehende, auf die Seele hoffende Satan aber muß sich mit leeren Händen davonmachen *(„iste recedat")* (3).

Weiteres zum Motiv der Seelenwägung, siehe den Artikel von Fritz Wagner, ‚Mene, mene, tekel upharsin, Bemerkungen zum Motiv der Seelenwägung' (4).

(31) ... **negligentiarumque** – Die Nachlässigkeit des Mönchs in der Einhaltung der Regel bildete eine ständige Gefahr für seine persönliche Heiligung und bot daher immer wieder Anlaß zu Klosterreformen. Einer der schärfsten Kritiker der *negligentia* war Petrus Damiani (bis 1072), der in seinem Traktat *De perfectione monachorum* die Abkehr der Mönche von der Regel geißelte und den Mönchen seines Klosters das Nachlassen ihres religiösen Eifers und der Veräußerlichung ihrer Frömmigkeit vorhielt:

> *„... non ignoratis, fratres mei, quod gemens loquor, ad quantum sancti fervoris lapsus sit, immo proclivius quotidie labi non sinat ... ut jam omnium pene mandatorum negligenter obliti, sola professionis hujus videamur veste contenti"* (1).

(32) **Ex hoc ... minime morieris** – Eine fast identische Szene ist bei Gregorius I. in seinen Libri Dialogorum beschrieben:

> *„In eodem quoque monasterio alius quidam Johannes dictus est ... Huic aegrotanti atque ad extremum deducto, per nocturnam visionem quidam senex apparuit, et hunc virga tetigit, eique dixit: ‚Surge, ex hac enim molestia modo minime morieris..."* (1).

(33) ... **ad nutum eius** ... **preducem** ... **sequi cepit** – Nachdem Johannes die Aufforderung erhalten hat, dem Heiligen, der von jetzt an sein himmlischer Begleiter sein wird, zu folgen, beginnt der Aufstieg ins Jenseits.

Die Aufgabe des Begleiters besteht nicht allein darin, dem Visionär die Bedeutung des Geschauten zu erläutern, sondern auch seine Seele in Obhut zu nehmen und sie vor Gefahren zu schützen, die ihr auf dem Rundgang durch die jenseitigen Räume in Gestalt von Dämonen und anderer furchterregender Gestalten auflauern. Diese versuchen nach Kräften, sich der Seele durch Angriffe in den Weg zu stellen und sich ihrer zu bemächtigen, um sie in das Reich Satans zu verbringen. Aus der Fülle solcher Schilderungen in Visionsberichten sei hier eine besonders anschauliche ausgewählt, in der der Begleiter des Visionärs Barontus, der Erzengel Rafael, durch sein Eingreifen die Seele vor den Angriffen der Dämonen bewahrt:

> „... *venerunt duo tetri daemones, quorum aspectum tremebundus ferre non poteram, qui me strangulare violenter coeperunt, cupientes me efferatis dentibus deglutire et sic ad infernum deducerent. Et ... cedentes me audaciter, adfuit mihi in adiutorium sanctus Rafahel archangelus ... qui illis coepit prohibere, ne in me amplius seve agerent*" (1).

Von nicht geringerer Bedeutung als die Beschützerrolle ist die Aufgabe des Begleiters als Führer, die Seele auf dem Weg zu den einzelnen Jenseitsorten zu leiten und sie, oft auf Fragen des Visionärs hin, über deren Wesen und Bedeutung aufzuklären. Ein gelegentlich anzutreffendes Motiv in diesem Kontext ist die vorgreifende Erklärung des Begleiters, noch ehe die Frage von seinem Schützling gestellt werden kann.

Meist bleiben Visionär und Begleiter bis zur Rückkehr der Seele des Visionärs in seinen irdischen Körper zusammen, d. h. bis gegen Ende der Jenseitsreise. Gelegentlich jedoch findet beim Übergang von einem Jenseitsort zu einem anderen die Ablösung des Begleiters durch einen anderen statt, der dann die Führung der Seele bis zum Ende des Rundgangs übernimmt.

Gegen Ende der Jenseitsreise spricht der himmlische Begleiter häufig noch eine Warnung an den Visionär aus, nach der er aufgrund des Geschauten und Erlebten aufgerufen ist, sein bisheriges Leben zu ändern, da er andernfalls nach seinem Tode an einen der Schreckensorte bis zum Endzeitgericht verdammt würde. Oft wird diese Warnung von der Aufforderung an den Visionär begleitet, alles Geschaute und Erlebte bekanntzumachen, um auch andere Gläubige zur Besserung ihres Lebenswandels zu bewegen (2).

(34)

    a. **sentiebat se** ... **ascendere, presertim cum audiret** ... **duo maiora ecclesie signa ad officium vespertinum** ... **clangere** –

In dieser Schilderung läßt sich eine deutliche Ähnlichkeit mit der Schilderung einer ähnlichen Situation in der *Visio Baronti* feststellen:

„*... ut enim ascendimus super monasterii silvam, signum sonavit ad vespera...*" (1).

   b. ... **recognovit quid esset** – Auch diese Schilderung weist verwandte Züge mit der Schilderung einer ähnlichen Situation in der *Visio Baronti* auf: „*... respexi et vidi ipsum monasterium et cognovi cunctum gregem celebrantem vespertinum officium*" (1).

(35) ... **ad circulum (sc. lunarem)** – Die Mondsphäre, die zwischen Irdischem und Ewigem scheidet.

(36) **Videbatur ei orbis ille mirabili sonitu volvi...** – Das Motiv der rotierenden, himmlische Klänge erzeugenden Mondsphäre (*orbis* = *circulus*) ist untypisch für Visionen der vorliegenden Gattung.

(37) **Quis respondebit tribulanti** – s. Anm. 42.

(38) ... **de deorsum quasi quasdam larvas subsilire** – Hier liegt wieder ein für Jenseitsvisionen untypischer Sprachgebrauch Reiners vor, der die Dämonen, auf die Johannes bei seinem Aufstieg trifft, mit dem Begriff *larvae* kennzeichnet. Das *Glossarium med. et infim. latini* von DuCange definiert *larvae* mit *daemones aeri* (1). In einer weiteren Definition des *Glossariums* wird in diesem Zusammenhang auch der Begriff *revenants* (Wiedergänger) genannt. Er bezeichnet die Seelen solcher Menschen, die den Raum zwischen Himmel und Erde ruhelos durchstreifen, bis sich Gott durch Abkürzung der Buße aufgrund der Messen, Almosen und Gebete Verwandter und Freunde ihrer erbarmt.

Aus dem weiteren Verlauf des Visionsgeschehens läßt sich jedoch entnehmen, daß für Reiner der Begriff *larva* hier synonym mit *diabolus* und *daemon* ist. So verwendet er im selben Zusammenhang alternativ *diabolus* und *daemon*, wie der Text, S. 49 zeigt: „*... secundum nomen dyaboli deorsum fluebant.*" „*... supra lunarem circulum demonum prohiberi accessum.*"

(39) ... **sicut deficit fumus deficiebant...** – vgl. Ps. 67,3: „*...sicut deficit fumus deficiant...*". Dieses Zitat hat Reiner auch in seinen *Libri Lacrym.* verwendet (1).

(40) ... **supra lunarem circulum demonum prohiberi accessum** – Dazu siehe P. Dinzelbacher, *Visionen und Visionsliteratur*, 2. Auflage, 2017, S. 225.

(41) **Non est nobis colluctatio....** – zitiert aus Paulus, Ad Ephesos, 5, 12. Reiner verwendet dieses Zitat mit leichten Abweichungen (1).

(42) **Vox illa contra demones est...; ... eos tribulantem sentiunt deum –**

Als Johannes eine unbekannte Stimme von unbestimmter Seite fragen hört: *„Quis respondebit tribulanti?"*, befindet er sich schon bei der Mondsphäre, die das Irdische vom Ewigen trennt (s. Text, S. 50). Johannes kann den Sinn der Frage nicht verstehen; als er jedoch von weitem der Dämonen gewahr wird, die sich unter der Mondsphäre versammelt haben, bringt er sie in einen Zusammenhang mit der Stimme und kommt zu dem Schluß, daß hier die Dämonen angesprochen sind. Er macht sich klar, daß die Stimme, vermutlich von einem Engel ausgehend, sie herausfordern und ihnen ihre Unterlegenheit der Macht Gottes gegenüber deutlich machen will: ‚Wer kann dem „Peiniger" (d. h. Gott) Paroli bieten?‘

Das substantivische Partizip *tribulanti* (dem Peiniger) steht hier für die Auffassung, nach der Gott von den Dämonen nicht als gerecht, sondern als Mächtiger empfunden wird, der sie ihre Unterlegenheit schmerzlich spüren läßt. Die Auffassung vom ungerechten, grausamen Gott, wie sie im vorliegenden Text von den Dämonen vertreten wird, findet sich auch in der *Visio Tundali* wieder: *„O quam injustus et crudelis est deus..."* (1).

Ein weiteres Beispiel für die von den Dämonen angezweifelte Gerechtigkeit Gottes findet sich in der *Vita Fursei*, wo es heißt:

> *„... ubi est iustitia Dei?"* und ebenso: *„Si Deus iniquus non est..."* (2).

(43) **Ecce autem a parte orientali sedes ... apparuit ei...** – Mit dieser Schilderung beginnt die eigentliche Jenseitsreise, die mit dem Besuch im Fegefeuer eingeleitet wird. Die Erwähnung der Himmelsrichtung Osten ist in Jenseitsreisen in diesem Kontext nicht häufig anzutreffen. Jedoch findet sich in der Vision des Mönchs von Eynsham ein weiteres Beispiel für die Verortung des Fegefeuers im Osten. Edmund schildert einen Pfad in Richtung Osten, den er verfolgt, bis er in eine furchterregende Gegend gelangt:

> *„Qualiter venit in primum locum tormentorum: Ibamus igitur per planam viam recto orientis tramite quousque pervenimus in regionem ... nimis visu horrendam..."* (1).

Die Verortung des Fegefeuers in die östliche Richtung ist umso überraschender, als zwei positive, grundlegende eschatologische Vorstellungen des Christentums, nämlich das Wiederkommen Christi und das Paradies, mit dem Osten verbunden sind: Der *secundus adventus* Christi am Ende der Zeiten wird von Osten her erwartet, wie es das Matthäus-Evangelium erläutert: *„Sicut enim fulgur exit ab oriente ... ita erit et adventus Filii hominum."* (Matth. 24, 27).

Das Paradies wurde nach Genesis 1, 8 im Osten gepflanzt und späterhin in der religiösen Literatur zum Teil mit dem eschatologischen Himmel identifiziert. Dies ist der Fall z. B. in der *Vita Anskarii* aus dem 9. Jhd., in der alle Erwähnungen des Himmels diesen mit dem Osten in Zusammenhang bringen:

> *„Videbam ... sanctorum ordines ... ab oriente assistentes, ad orientem tamen respicientes. Ipsumque, qui in oriente apparebat, collaudantes tensisque manibus adorabant. Cumque pervenissemus ad locum orientis, ecce 24 seniores, secundum quod in Apocalipsi scriptum est ... In ipso vero orientis loco erat splendor mirabilis, lux inaccessibilis nimiae atque immensae claritatis ... omnisque iucunditas"* (2).

(44) ... **persone sedebant in habitu monachali.** – Johannes sieht am Läuterungsort des Jenseits als erstes Seelen im Mönchsgewand auf einer langen Bank mit traurigen Gesichtern und ohne Fuß-Schemel sitzen. Ein ähnliches Bild wird auch in der Vision Adams von Kendall (13. Jhd.) gezeichnet, in dem die Mönche mit gesenkten Häuptern und verhüllten Gesichtern dasitzen: *„Sedebant autem universi (sc. monachi) dimissis caputiis, in tantum quod facies eorum penitus velatae essent..."* (1).

Nach Petrus Lombardus (bis 1160) verlieren die Seelen auch im Jenseits nicht ihre Fähigkeit, Empfindungen zu haben: *„Unde probatur animas defunctorum non solum suis sensibus non privari, sed nec istis affectibus, scilicet spe, tristia, gaudio ac metu carere..."* (2).

(45) **Semirase ... eorum erant facies** – Des Weiteren ist für Johannes der halbrasierte Zustand der Mönche auffallend. Diese Beobachtung mag zunächst nicht notwendigerweise auf eine Strafe des Fegefeuers hindeuten, sondern in einem Zusammenhang mit den Gepflogenheiten der *cura corporis* stehen. Diese mit der *cura corporis* verbundenen Tätigkeiten wie Haarschneiden, Haarwäsche, beides nach der Rasur, an denen an bestimmten Tagen sämtliche Bewohner des Klosters teilnahmen, beanspruchten wahrscheinlich jeweils den Großteil des Tages, ohne aber die tägliche Routine zu unterbrechen. Dies geht aus einer allgemein eingehaltenen Regel hervor, nach der sich ein Mönch, der sich bei Beginn der Gebetszeit noch bei der Rasur befand, diese zu unterbrechen und nötigenfalls in halbrasiertem Zustand *(semirasus)* am Gebet teilzunehmen habe. Dies bezeugt die folgende Anweisung Lanfrancs von Bec (bis 1089) für den Benediktinerorden:

> *„Frater dum raditur, si signum ad horam sonuerit, ... peragat in chorum si tamen omnino barbam rasam aut omnino adhuc intactam habet, alioquin extra chorum maneat"* (1).

Ziel dieser Regel war, die Einhaltung der täglichen Gebetszeiten zu gewährleisten; andererseits wurde aber dem noch nicht vollständig rasierten Mönch eine Beschränkung auferlegt, die vorsah, daß er seinen festen Platz nicht im Chor, sondern außerhalb des Chors im Kirchenraum einzunehmen habe (s. o.: „... *alioquin extra chorum maneat.*") (2).

Der oben zitierte Abschnitt aus den *Decreta* Lanfrancs ist möglicherweise für Johannes' Schilderung der Mönche im halbrasierten Zustand, wie er sie bei seiner ersten Station seiner Jenseitsreise antrifft, von Bedeutung. Der Grund hierfür liegt in der besonderen Heiligkeit, die den Chor vor allen anderen Teilen des Kirchenraumes auszeichnet – visuell durch seine erhöhte Positionierung verdeutlicht. Der Chor befindet sich auf gleicher Ebene wie der Hochaltar mit dem Allerheiligsten, der häufig auch eine Reliquie des Kirchenpatrons enthält. Zu beiden Seiten des Hochaltars befinden sich in allernächster Nähe zum Allerheiligsten die Bänke, die den Chor ausmachen und von den Mönchen bei ihren Gebetszeiten eingenommen werden. Nach der Regel Lanfrancs und ähnlichen Regeln ist ein Mönch, der sich im Zustand temporärer physischer Unvollkommenheit befindet, wie z. B. im vorliegenden Falle des unvollständig Rasiertseins, von diesem heiligen Raum ausgegrenzt. Es ist daher nicht ausgeschlossen, daß Reiner hier die Schilderung *semirase* als Metapher einsetzt, um den unvollkommenen Zustand der Seelen herauszustellen, der ihnen zur Zeit ihres Aufenthaltes am Strafort die Vollkommenheit des Paradieses (der Chor ist sich hier als Metapher für das Paradies vorzustellen) noch vorenthält, da sie von ihren Sünden noch nicht gereinigt sind.

(46) **Habebant sane pro consolatione ... in penitentia sua.** –

Nach dem ersten niederdrückenden Eindruck, den Johannes von den traurigen Mönchen im Fegefeuer gewinnt, besinnt er sich auf die tröstenden Ausblicke im Dasein dieser büßenden Seelen und erwähnt hier die Hoffnung auf ihre zukünftige Erlösung („... *beatam spem retinentes de salvatione sua...*" [s. Text, S. 50]). Ein ähnliches Motiv der Hoffnung weist ebenfalls die Vision Edmunds von Eynsham auf: Auch hier bildet die Hoffnung, der ewigen Verdammnis vielleicht doch entgehen zu können, einen Trost für die gepeinigten Seelen:

> „*[Incertis quoque de fine malorum suorum] in hoc ipso magnum ... videbatur esse solacium, quod dampnacionis sue certitudine non tenebantur*"(1).

(47) **Fuerunt quos ibi recognovit...** – Der Visionär erkennt einige ihm aus seinem Leben bekannte Gestalten. Dies ist in den Jenseitsreisen ein gängiges Motiv, wie es auch in ähnlicher Form in der Vision des Ritters Owe[i]n vorkommt:

> „*Ibi etiam vidit quosdam de suis quondam sociis et eos cognovit*" (1).

(48) ... **nec sede moveri**... – Obwohl auch Johannes seinerseits von den Seelen erkannt wird, kann kein Kontakt zwischen beiden Seiten hergestellt werden, weil die Seelen fürchten, sich von ihrem Sitz zu erheben und ihm entgegenzutreten oder auch nur das Wort an ihn zu richten.

Eine Schilderung von Seelen, die reglos auf einer Bank sitzen, ist auch aus der Vision Adams von Kendall (13. Jhd.) bekannt: „*Cumque ... omnes sedissent immobiles...*" (1).

(49) **Ibi diu frater substitit et ... intellexit.** – Diese Worte bezeichnen den Beginn des Traktates innerhalb der Vision über die Läuterung der Seelen im Jenseits, das das Herzstück des ersten Teiles der Vision bildet. Dieses Traktat war auch namensgebend für den modernen Titel des Werkes: *Visio de statu animarum post mortem.*

(50) ... **sub demonum rediguntur potestatem**... – Hier wird über die Seelen berichtet, die gleich nach ihrer Ankunft im Jenseits den Dämonen überantwortet werden. Aus eigener Erfahrung erzählt Reiner von einer ähnlichen Situation, in der er sich in einer seiner geschauten Visionen selbst befand: „*Fueram traditus ... cruentissimae daemonum potestati...*" (1).

(51) ... **neque visitationem angelicam**... – Siehe Appendix *visitatio angelica* und *refrigerium.*

(52) ... **vel commendatione fidelium**... – Hier ist die Sorge der Lebenden für das Heil der Seelen der Verstorbenen *(cura mortuis gerenda)* angesprochen, die durch Messen, Almosen und Gebete für den Verstorbenen die Dauer der Strafe im Fegefeuer abkürzen soll.

(53) ... **vel beatissimorum patronorum interventu**... – Vom Eingreifen der Himmlischen in das Schicksal der Seelen im Fegefeuer berichtet Reiner auch aus der Erfahrung eines eigenen Visionserlebnisses:

„*Ab his (sc. tormentis) mater misericordiae suo me patrocinio et interventu eripuit*" (1).

Ein ähnliches Motiv erscheint in der Vision des Mönchs von Eynsham:

„*... dominus et advocatus meus sanctus Nicholaus ... me potenter de manibus eorum eripuit...*" (2).

(54) ... **felix penitentia est ... cum ... nec ab eis (sc. demonibus) territantur**... – Von derselben Vorstellung von einer „glücklichen" Läuterung der Seele, ohne dem Anblick oder den Angriffen der Dämonen ausgesetzt zu sein, spricht Reiner auch in den *Libri Lacrym.:*

*„Salubris poenitentia, felix purgatorium, quod nullus asperet horror daemo-
num aut incursus"* (1).

(55) **Quam vellent ... se astitisse divinis servitiis...**– Hier lehnt sich Reiner
offensichtlich an Vergilius, Aeneis VI, 436–437 an:

„... quam vellent aethere in alto/nunc et pauperiem et duros perferre labores!"

Dazu sei bemerkt, daß eine Handschrift der Aeneis aus dem 11. Jhd. zur
Zeit Johannes'/Reiners in den Beständen der Klosterbibliothek vorhanden
war (1).

(56) **Suspirant, quod non admittuntur contemplationi divine** –

Mit dieser Aussage soll die quälende Sehnsucht der Seelen im Fegefeuer
nach den spirituellen Freuden *(gaudia spiritualia)*, der Anschauung Gottes
im Paradies, verdeutlicht werden.

Diese Seelen, solange ihre Läuterung, die sich im Fegefeuer oder in dieser
Welt als „Wiedergänger" vollzieht, nicht vollendet ist, sind von diesen Freuden noch ausgeschlossen.

Einer Äußerung Guiberts von Nogent (bis 1124/1125) zufolge ist das
Paradies der Ort der ewigen Gottesanschauung; desgleichen lehrt sie, daß
die *contemplatio divina* nur in der spirituellen Welt gehalten werden könne:

*„Paradisus enim est, ubi jugis Christi visio est; quod nusquam nisi in illo spiri-
tuali saeculo est"* (1).

(57) **... quemadmodum desiderat cervus ad fontes aquarum** – wörtlich aus
Psalmen, Ps. 41, 2 zitiert.

(58) **... anime ad purgationem in hac terra posite...** – Damit sind die Seelen bezeichnet, die ihre Sünden nach dem Tod an den verschiedensten
Orten auf Erden, u. a. auch am Ort ihrer Sünden, als „Wiedergänger"
abbüßen.

(59) **... frater idem datum audivit exemplum.** – Hier wird als integraler Teil
des Visionsgeschehens das Traktat über das unterschiedliche Schicksal
der Seelen nach dem Tod (*„Due sunt egredientium animarum distributiones..."* [s. Text, S. 50]) abschließend durch das Beispiel von zwei
Mönchen veranschaulicht und damit die erste Zielgruppe des Visionsberichtes, d. h. die Mitbrüder Johannes', angesprochen.

Mit dieser vom Visionär von unbekannter Seite her vernommenen Geschichte
steht dieses Traktat ganz in der eschatologischen Tradition Gregorius' I. Sie
wurde mit dem letzten Buch seiner *Dialogorum libri quatt.* begründet und
ist auf die Verbreitung Gregorius' eschatologischer Lehren am Beispiel von

Exempelgeschichten hin angelegt, die Jenseitsvisionen thematisieren. Gregorius erläutert den didaktischen Vorzug einer anschaulichen Geschichte über eine Ermahnung und schreibt: „*Et sunt nonnulli, quos ad amorem patriae coelestis plus exempla quam praedicamenta succendunt*" (1).

Diesem Vorbild Gregorius' wurde im Mittelalter gefolgt, indem Visions- und Mirakelgeschichten häufig in gekürzter Fassung in Sammlungen kompiliert und unter der Gattungsbezeichnung *exempla* herausgegeben wurden. Besonders Vertreter der Predigerorden machten für ihre Predigertätigkeit von den Exempelgeschichten regen Gebrauch, die schließlich so zur eigenständigen Literaturgattung der Predigtliteratur wurden.

Ein Beispiel aus der Praxis der Verwendung von Visionsberichten als *exemplum* findet sich auch im Legendarium von 1428 (Hs. A) aus St. Laurentius. Hier handelt es sich um einen Abschnitt, der in geringfügig abgeänderter Fassung dem vorliegenden Visionstext entnommen, als Exempelgeschichte an einer falschen Stelle des fortlaufenden Visionstextes eingefügt wurde (Hs. A, fol. 171va23–171vb13; s. S. 60).

(60) **subitanea et improvisa morte preventus** – Über einen solchen Fall berichtet Reiner, der sich in seinem Kloster ereignet hatte:

> „*... unum e fratribus nostris neglegentius se gerentem subitane et improvise contigit vita decedere...*" (1).

Ein plötzlicher Tod barg für den Menschen des Mittelalters die Gefahr in sich, daß ihm die Gelegenheit zur Reue genommen wird und er somit nach seinem Tod schmerzliche Strafen zu erwarten hat. Ein Beispiel dieser Gefahr eines solchen Todes für das Schicksal der Seele im Jenseits findet sich in einer Vision des frühen Mittelalters:

> „*[Ammonebat illum sedulo, ut confiteretur et emendaret ac relinquaret scelera sua,] priusquam subito mortis superventu tempus omne paenitendi et emendandi perdideret*" (2).

Der unvorhergesehene Tod nimmt dem Menschen die Möglichkeit des Empfangs der Sterbesakramente, von denen die Kommunion als *viaticum*, zusammen mit der Letzten Ölung, der Seele auf ihrem Weg ins Jenseits als Stärkung dienen soll, wie es der Mönchs von Eynsham in seiner Vision schildert: „*... cum ad vite iam extrema perductus fuisset, dominici corporis viatico premunitus, sacrique olei delibutus unctione...*" (3).

Durch einen Tod ohne vorhergehendes Sündenbekenntnis mit nachfolgender Absolution wird der Seele die Aussicht auf Erbarmen im Jenseits genommen. Daher kennt die religiöse Literatur wie auch die Volksliteratur das Motiv von den Seelen, denen die Gnade der Rückkehr zur Erde gewährt wird, um das durch die Todesumstände versäumte Sündenbekenntnis nachzuholen (4).

(61) ... **eius interventu** – Das aktive Eingreifen eines Heiligen zugunsten einer Seele im Jenseits ist in den eschatolgischen Visionsberichten ein bekanntes Motiv. So wird in der Vision des Mönchs von Eynsham durch die Intervention einer Heiligen der Seele im Fegefeuer Straferleichterung gewährt und ihr der Übergang in die ewigen Freuden in Aussicht gestellt:

> *„Hic, ait miseratrix piissima et potentissima liberatrix eius ..., hic penitenciam, quam peragere dissimulasti in seculo, consummare necesse habes, interventione mea plurimum habitura levaminis, et maculis demum tuis expiatis per me gaudiis admittenda sempiternis"* (1).

(62) **Alter vero ... pretulit alium [sc. patronum], serviens ibi deo, non tamen culpe ducens sanctum quemquam preferre patrono. –**

In beiden Teilen des vorliegenden Satzes benutzt der Autor den Begriff *patronus* in unterschiedlicher Weise: Im ersten Teil des Satzes –*„alter ... pretulit alium [sc. patronum]"* dient der Begriff *patronus* als Metonym, das heißt, in diesem Falle bezeichnet *patronus* die Institution, die dem Schutz des Heiligen (= Patronat) untersteht. Der Hinweis darauf findet sich in der Fortsetzung des Satzes *„serviens ibi deo"*. Das heißt, der Mönch zog es vor, sein angestammtes Kloster zu verlassen und sich einem anderen Kloster (*„alium [patronum"]*) anzuschließen, in dem er Gott weiterhin diente. Von daher ist *patronus* hier mit *monasterium* gleichzusetzen.

Das Schlüsselwort bildet hier demnach das Adverb *ibi*, indem es darauf hinweist, daß der Mönch nicht statt seines eigenen Patrons einen anderen Heiligen zum Patron gewählt hat, sondern daß es sich hier um einen Wechsel von einem Kloster in ein anderes handelt. Dies auch im Hinblick darauf, daß die Wahl des persönlichen Heiligen, d. h., der Brauch der Namensgebung nach einem Heiligen, der dann die Funktion des Schutzpatrons übernimmt, in der genannten Zeit noch nicht endgültig ausgebildet war.

Im vorliegenden Abschnitt handelt es sich daher um einen Mönch, der das bei seiner Profeß gegebene Gelübde der *stabilitas loci* gebrochen hat. Für solche Fälle der Verletzung der *stabilitas loci* hatte die Kirche Verordnungen erlassen, nach denen ein Mönch, der ohne Zustimmung seines Abts den Wechsel in ein anderes Kloster vollzog, von seinem neuen Abt in das angestammte Kloster zurückgeführt werden mußte.

Obwohl bei der Abfassung der Regel der *stabilitas loci* im frühen Mönchstum sicher auch praktische Aspekte eine Rolle gespielt haben mögen, war sie wohl doch primär auf das spirituelle Wohl des Mönchs und

der Gemeinschaft bedacht. Dies geht aus einer Predigt des Abtes und Schülers von Bernhard von Clairvaux, Guerricus von Igny (bis 1157) hervor, in
der er sich auf das 4. Kapitel der Regel Benedikts beruft:

> *„Interroga patrem tuum Benedictum, et annuntiabit tibi, quia claustrum monas-
> terii et stabilitas in congregatione, locus idoneus sit ad ferendum omnium fere
> fructus virtutum…"* (1).

Somit zeigt Guerricus' Predigt, daß die Forderung nach der *stabilitas loci*
der Mönche auch im 12. Jhd. nichts an Bedeutung verloren hatte.

(63) **Erat autem ibi claritas maxima, ad quam … caligabat anima…** Das
Motiv eines großen gleißenden, die Augen blendenden Lichtes findet
sich auch in der *Vita Anskarii: „… videbat immensi luminibus clarit-
atem, super solis radium, de coelo emissam se circumfulsisse…"* (1).

(64) **… an audire posset quod legerat in scripturis.** – Das Motiv der Erwartung des Visionärs, Dingen zu begegnen, die ihm aus dem religiösen
Leben bekannt sind, findet sich auch in der *Vita* des Christian de l'Aumône, in der der Visionär die Engel zu sehen erwartet:

> *„En, Domine Deus, ubi sunt angeli tui sancti de quibus audire solemus…?"* (1).

Johannes dagegen hofft, himmlische Harmonien zu vernehmen und bezieht
sich darauf möglicherweise auf die relevante Schilderung in der Johannes-
Offenbarung: *„… et audivi vocem de coelo …; et vocem quam audivi sicut
citharoedorum citharizantium in citharis suis…"* (2).

(65) **Cuius cogationi respondens maximus ductor ait…** – Eine ganz ähnliche Erfahrung des Vorwegnehmens der Frage des Visionärs durch den
himmlischen Begleiter macht auch der Visionär Drythelm:

> *„Respondit cogitationi meae ductor qui me praecedebat"* (1).

(66) **… cuius longitudo et latitudo alicuius maximi templi …** Dieses Bild
einer Ellipse von der Größe eines Tempels ist die letzte Erscheinung
vor dem Abschluß des ersten Teils der Vision und muß als Beschreibung der Himmelssphäre angesehen werden.

Diese schwer zu deutende Darstellung des Himmels ist ungewöhnlich und
man erkennt in ihr die Schwierigkeit des Verfassers, das Geschaute in Worten auszudrücken. Sie zog schon die Aufmerksamkeit des Bollandisten
Johannes Cleus auf sich, der sie in den *Acta Sanctorum* im Kapitel über
den Hl. Mauritius abschätzig kommentierte: *„Contemplatur (sc. Johannes)
deinde caelum, quod ridicule describit"* (1).

(67) ... resonare ceperunt vocule modo mirabili ... ... conficientes concentum... – Hier schildert der Visionär Klänge, die durch den Effekt des
Echos hervorgerufen werden: Aus dem unteren Teil der Ellipse ertö-
nen Klänge wie von Cithara-Spielern erzeugt. Kurz darauf lassen sich
ähnliche Klänge aus dem oberen Teil der Ellipse vernehmen, die das
Echo der Klänge aus deren unterem Teil bilden. Die Verschmelzung
der Klänge nun erzeugt eine himmlische Harmonie, die Johannes zu
hören begehrte.

Erwähnenswert in diesem Zusammenhang ist die Tatsache, daß die Cithara
wie auch der Psalter schon seit dem frühen Christentum mit allegorischer
Bedeutung belegt sind. So verkünden nach Gregorius I. die Engel den Menschen das Himmelreich mit dem Psalter, und mit den Klängen der Harfe
(cithara) lehren sie die Menschen, der ewigen Güter zu gedenken, die sie
dort erwarten:

> „... *angeli, cum descendunt, ante se psalterium, tympanum, tibiam et citharam*
> *deferunt. Psalterium quippe habent, quia regnum coelorum annuntiant... cit-*
> *haram quoque habent, quia gaudere pios pro certitudine aeternorum bonorum*
> *edocent"* (1).

(68) ... quasi de fistulis aeris... – Johannes vergleicht die himmlischen
Klänge aus der rotierenden Ellipse auch mit Flötenklängen.

Die Verbindung *fistulis* mit dem Attribut *aeris* stellt ein textuelles Problem
dar und wurde schon vom Kopisten der Hs. C als solches wahrgenommen.
Seine Korrektur von *aeris* in *exissent* ist allerdings ebenso unbefriedigend
wie die von den Kopisten der Hss. A und B übernommene Lesart.
    Daß es sich hier bei dem erwähnten Instrument um Flöten handelt, steht
aber außer Zweifel angesichts ähnlicher Formulierungen, wie sie z. B. im
Buch Daniel, III, 5; 7; 10 vorkommen:

> „... *ut audierunt omnes populi sonitum tubae et fistulae et citharae...*"

(69) ... devita opprimi nimiis occupationibus nisi sit causa inevitabilis.
Beim Abschied von seinem himmlischen Begleiter vor der nächsten
Station seiner Jenseitsreise erhält Johannes von diesem noch eine Mahnung für seine künftige Lebensführung mit auf den Weg. Allgemein
wird eine solche Mahnung gegen Ende der Vision, d. h. vor der Rückkehr der Seele des Visionärs in seinen Körper, ausgesprochen und ist
ein für Jenseitsreisen typisches Motiv. Ein solches weist z. B. auch
die Vision Gunthelms auf: „*Teipsum admoneo, ut in proposito tuo*
permaneas humilis et obediens, honores fugiens, et tuam propriam
voluntatem numquam facere delecteris, et semper Deum timeas" (1).

(70) „ ... si demones te terrere ceperint ... eius nomen in faciem inclama illis." – An dieser Stelle erhält der Visionär vom Hl. Laurentius die „Zauberformel", die ihm auf seinem Weg zurück in seinen Körper Schutz vor den zu erwartenden Angriffen der Dämonen gewähren soll.

Der Übergang der schwachen, ungeschützten Seele von einer Daseinsebene zur anderen wird von den Dämonen für ihre Versuche genutzt, sie in ihre Gewalt zu bringen, wobei die Dämonen letztendlich dank der „Zauberformel" aber immer das Nachsehen haben.

Dieses Motiv der schützenden Formel begegnet uns schon in der *Visio Baronti*:

„Si tibi daemones insidias in itinere praepare voluerint, dic tu: ‚Gloria tibi, Deus,‘ et numquam te possunt postea de tuo tramite deviare" (1).

Auch die Vision des Owe[i]n bezeugt die Wirkmächtigkeit des Namens Christi für den von Dämonen bedrohten Visionär:

„Cumque militem hic ... daemones torquere voluissent, nomen Christi invocavit, et illaesus remansit" (2).

(71) **St. Mauritius** – Heiliger und Märtyrer. Sein Tod wird in das Jahr 287 gelegt.

Mauritius, der Heilige afrikanischer Herkunft, diente in der römischen Armee, in deren Rahmen auch sein Martyrium stattfand.

In der christlichen Ikonographie wird der Heilige als Mohr mit einem purpurfarbenen Militärumhang und einem Banner dargestellt. Sein Martyrium ist im Kontext mit einem historischen Ereignis überliefert, das während der Regierungszeit Kaiser Diokletians stattfand.

Dabei handelt es sich vermutlich um einen Zug der in Ägypten stationierten Thebäischen Legion nach Ostgallien unter der Führung Maximianus' mit 6600 Kämpfern, an deren Spitze Mauritius stand, über deren Ziel aber keine gesicherten Angaben vorhanden sind. Den Märtyrertod erlitten Mauritius und seine Gefährten der Tradition nach wegen Befehlsverweigerung aus Glaubensgründen.

Die Überlieferung in der Verehrung des Heiligen nahm ihren Anfang in dem hagiografischen Werk Eucherius', Bischof von Lyon (bis ca. 450), der *Passio Agaunensium Martyrum Ss. Mauricii ac Sociorum eius* (1). Sie erzählt, daß die mehrheitlich aus Christen bestehende thebäische Legion den Auftrag hatte, die in Ost-Gallien ansässigen Christen zu bekämpfen. Mauritius und seine Mitkämpfer hätten die Teilnahme an der Aktion gegen ihre Glaubensbrüder verweigert und so den Märtyrertod erlitten. Das entscheidende Zeugnis ihrer Befehlsverweigerung wird von Eucherius überliefert: *„Christianos nos fatemur, persequi christianos non possumus"* (2).

Der auf dieser Überlieferung basierende Kult des Mauritius und seiner Gefährten begann sich zuerst in Frankreich, Belgien, im Westen Deutschlands und in Norditalien durchzusetzen.

Ein weiterer Überlieferungsstrang hinsichtlich des Märtyrertodes Mauritius' bildete sich im 7. Jhd. in einem dem Heiligen geweihten Kloster in der Nähe des heutigen St. Moritz aus. Nach diesem wird berichtet, daß am Vorabend des Kampfes zum Gelingen der Schlacht nach heidnischer Tradition Opferzeremonien stattfanden, an denen jedoch Mauritius und seine Gefährten als Christen die Teilnahme ablehnten, woraufhin die sofortige Hinrichtung der Befehlsverweigerer erfolgte.

Ein besonderer Aspekt in der Mauritius-Verehrung geht auf eine sehr frühe Tradition zurück. Es handelt sich hier um das Zeugnis des Geschichtsschreibers Gregorius von Tours (bis 594), nach dessen Bericht sich die Reliquien des Hl. Mauritius und seiner Gefährten von altersher in der Kirche des Hl. Martin in Tours befunden haben sollen und Gregorius die Kapsel mit dem Blut des Heiligen im Reliquienschatz der Kirche gefunden habe:

> „... *ecclesia(m) urbis Turonicae ... in qua ... beatorum ibidem reliquiae Agaunensium ab antiquis fuerant collocatae.*"
> „*Ipsam etiam capsulam in thesauro basilicae sancti Martini reperi...*" *(3).*

Der Märtyrertod Mauritius' und seiner Mitstreiter wurde besonders seit dem Ende des 11. Jhds. bis ins 12. Jhd. in der Hagiografie häufig thematisiert. Den Anfang in der Reihe der Mauritius-Passionen dieser Epoche machte Sigebert, Mönch von Gembloux (bis 1112), mit seinem Werk *Passio Sanctorum Thebaeorum* (4). Von ihm ist eine Handschrift erhalten, die sich im 12. Jhd. möglicherweise in der „kleinen" Bibliothek des Laurentius-Klosters befunden hatte und heute im Katalog der Königlichen Bibliothek Brüssel unter der Signatur BR 9810–9813, foll. 36–40 verzeichnet ist.

Neben zahlreichen selbständigen Werken über das Martyrium des Heiligen und seiner Gefährten ist in den Klöstern Belgiens und Nordfrankreichs in den Legendarien aus der Zeit vom Ende des 11. bis Ende des 12. Jhds. eine Vielfalt weiterer Schriften zu diesem Heiligen zu finden.

Als auffällige Erscheinung in diesem Zusammenhang sei bemerkt, daß die Werke über die Heiligen Mauritius und Laurentius in den erhaltenen Legendarien Belgiens häufig nahe zueinander in einer festen Ordnung plaziert wurden: Die dem Hl. Mauritius gewidmeten Schriften erscheinen in den Legendarien, dem Rang des Heiligen in der Hierarchie entsprechend, jeweils nach den Werken zu Ehren des Hl. Laurentius (5).

Die gemeinsame Verehrung beider Heiligen kommt nicht von ungefähr. Als Hintergrund hierfür gilt der Sieg Kaiser Ottos I., den dieser im Jahre 955 bei Augsburg über die Magyarenstämme errang und zu dem ihm nach der Überlieferung beide Heilige verholfen hatten.

Vom Anteil des Hl. Mauritius berichtet die *Chronica* Thietmars von Merseburg, der zufolge Otto an der Spitze seines Heeres mit der Lanze des Heiligen in den Kampf gezogen sei (6). Nach dem Sieg wurde Mauritius zum Hausheiligen der Ottonen und die Diözese Magdeburg zu seinen Ehren zum Erzbistum erhoben (7).

Der Anteil des Hl. Laurentius liegt im Tag des entscheidenden Kampfes, dem Fest des Heiligen am 10. August. Otto hatte gelobt, diesem eine Diözese zu stiften, wenn ihm *victoria et vita* gewährt würden. Otto löste sein Gelübde ein mit der Einrichtung der Diözese Merseburg zu Ehren des Hl. Laurentius (8).

(72) **Erat autem chlamide purpurea indutus.** – Ein purpurfarbener Umhang findet Erwähnung auch in einem weiteren Werk Reiners, der *Vita St. Tiebaldi:* „*... indutaque chlamyde corcinea";* sowie in der *Visio Wettini:* „*... venit angelus incredibili splendens pulchritudine, veste purpurea circumdatus..."* (1).

Bei der *chlamys* handelt es sich um einen kurzen Umhang, der von einer Spange an der Schulter gehalten wird und im antiken Griechenland und Rom bekannt war. Während der ersten Jahrhunderte des Imperiums war die *chlamys* in der Hauptsache bei den Soldaten im Gebrauch; vom 4. Jhd. an jedoch diente sie, aus wertvollen purpurfarbenen Geweben gefertigt, den Kaisern und dem kaiserlichen Hof als Repräsentationsgewand.

Im Zusammenhang mit dem purpurnen Umhang des Hl. Mauritius, der die ganze Aufmerksamkeit des Visionärs auf sich zieht, verdient ein Abschnitt aus der Vita des Hl. Anno, Erzbischof von Köln Erwähnung, die Ende des 11. Jhds. von Abt Reginhard von Sigeberg einem ungenannten Mönch in Auftrag gegeben wurde. Der relevante Abschnitt dieser Vita berichtet von der Auffindung eines Grabes durch Anno von Köln. Es handelte sich um das Gemeinschaftsgrab Gregorius Maurus', eines Anführers der Thebäischen Legion und seiner Gefährten. In diesem Abschnitt wird Maurus als in einen purpurfarbenen Umhang Gehüllter geschildert:

> „*... principem sanctae sodalitatis illius, beatorum, sc. Maurorum Georgium nomine, sociis in circuitu quiescentibus ... humatum repperit, chlamyde purpurea circumdatum"* (2).

Hier sind zweifelsohne gemeinsame Linien zwischen Gregorius Maurus und seinen Gefährten mit Mauritius und seinen Mitstreitern zu erkennen – beide sind „maurische" Angehörige der Thebäischen Legion, die mit ihren Gefährten den Märtyrertod erlitten.

Dieser Umhang als das in erster Linie bekannteste Attribut des Hl. Martin erscheint in seiner *Vita* von Sulpicius Severus:

„... cum iam nihil praeter arma et simplicem militiae vestem haberet ...;
... nihil praeter chlamydem, qua indutus erat, habebat..." (3).

Eine weitere Parallele zwischen der Erwähnung der *chlamys* bei Mauritius
und Martin ist die Aufmerksamkeit, die ihm gewidmet wird.

So heißt es im Visionstext: *„Quam (sc. chlamydem) cum frater idem diu
intueretur..."* (s. Text, S. 54), und in der Vita Martini: *„Intueri diligentissime Dominum vestemque, quam dederat, iubetur agnoscere"* (4).

Eine Inspiration der Parallel-Stelle in der Martins-Vita auf die Schilderung in Reiners Visionstext kann hier leicht angenommen werden.

Als Hinweis auf diese Annahme mag die Tatsache dienen, daß sich im
12. Jhd. im Kloster von St. Laurentius eine Handschrift der Vita Martini
von Sulpicius Severus befand (5).

(73) ... **patrocinium** – Dieser Begriff bedeutet ursprünglich „Schutz" über
eine Person oder Personengruppe: *„... pupillis tuitionem, viduis patrocinium exhibebat..."* (1).

Im erweiterten Sinne bezeichnet *patrocinium* das Patronat eines Heiligen
über kirchliche Institutionen wie Kirchen und Klöster, über Herrscher und
Herrscherhäuser, Länder, Armeen, Diözesen, Städte, Gilden u. ä. und wird
durch eine feierliche Weihe begründet.

Im vorliegenden Falle haben wir es mit dem Patronat des Hl. Laurentius
über das Kloster gleichen Namens zu tun.

Im Frühmittelalter gründete sich ein Patronat auf dem Vorhandensein
einer Heiligenreliquie im Besitz des vom Patronat Begünstigten, ohne Unterscheidung dessen klerikaler oder weltlicher Zugehörigkeit.

So soll sich daher der Mantel des Hl. Martin im Besitz der Karolinger
als die Reliquie befunden haben, die den Grundstock für das Patronat des
Heiligen über das Herrscherhaus bildete.

Mit dem in den folgenden Jahrhunderten durch die Vielzahl neuer Kir-
chengründungen gewachsenen Bedarf an Patrozinien erfolgte nun die Wahl
eines Heiligen als Patron für eine Institution, ohne daß der Besitz einer
Reliquie des Heiligen noch die Bedingung zur Einrichtung des Patronats
gewesen wäre. So z. B. wurde das Kloster von St. Laurentius i. J. 968 durch
Heraclius, Bischof von Lüttich, auf den Namen des Hl. Laurentius gegrün-
det, während eine Reliquie des Heiligen erst im Jahr 1056 in das Kloster
gelangte.

Das Patronatsverhältnis zwischen dem Heiligen und seinem Schutzbefohlenen wies Charakteristiken eines Feudalverhältnisses auf. Dies äußerte sich
einerseits in der erwarteten Hilfeleistung des Heiligen seinem Schützling
gegenüber und andererseits in der Verpflichtung des Schützlings dem Heiligen gegenüber, dessen Andenken durch Gebete und Messen zu pflegen sowie

Institutionen und Stiftungen auf seinen Namen einzurichten. Der Heilige, auf dessen Namen eine kirchliche Institution geweiht war und der somit seinen Schutz über sie ausbreitete, galt auch als ihr rechtmäßiger, gesetzlicher Besitzer einschließlich ihrer Güter. Dies war die Regelung ebenso für Herrscher und Herrscherhäuser wie auch für andere Institutionen.

Doch stellte diese Form des Patronats, wie sie schon seit dem frühen Mittelalter bekannt war, in der Praxis ein nur bedingtes Abhängigkeitsverhältnis dar, das aufgelöst und durch ein anderes ersetzt werden konnte. Dies konnte der Fall sein, wenn der Patron es gegenüber seinen Schutzbefohlenen – z. B. Dorf- oder Stadtbewohnern o. ä. – an Wirkmächtigkeit fehlen ließ und die erwartete Hilfe ausblieb. Über die Auflösung des Patronatsverhältnisses seitens der Gläubigen hinaus konnte der Heilige z. B. durch öffentliches Hängen bestraft werden.

(74) „Sed aliquid querele habeo adversum te" – Mit diesen Worten eröffnet der Hl. Mauritius die Anklage, die er Johannes gegenüber vorzubringen hat. Vgl.: Apoc. 2, 14; 20: „...sed habeo adversus te pauca, quia..."

(75) predium – Bezeichnet Landbesitz, der sich in vollem Eigentumsverhältnis seines Besitzers befindet.

Hier ist die Rede von dem Gut Waseg[g]a, das in der von Adrian Oudenbosch angebrachten Randglosse in Hs. A erwähnt ist (s. Text, S. 55; s. a. Kapitel „Die Erstausgabe und ihre Entstehung": „Hoc est in Waseg[g]a..."). Waseg[g]a war ein großes Landgut im Besitz des Klosters von St. Laurentius; es befand sich auf dem Gebiet der Kleinstadt gleichen Namens, dem heutigen Wasseiges, nordöstlich von der Kreisstadt Namur gelegen. Das Gut war dem Kloster i. J. 1025 durch Bischof Durand von Lüttich kurz vor seinem Tod übereignet worden, worüber Reiner in seiner Vita Wolbodonis berichtet: „Tradit (sc. Durandus) deinde sancto Laurentio predium in Wasegga..." (1).

Dieser Akt findet seine Bestätigung auch durch das Zeugnis Ruperts von Deutz:

„Tradensque (sc. Durandus) sancto Laurentio predium in Wasegga, quod nuper a Roberto archidiacono comparaverat..." (2).

Wie die Chartularien des Klosters bezeugen, übereignete Bischof Reginhard von Lüttich i. J. 1034 dem Kloster 317 Mansen, von denen 100 Mansen an das Gut von Waseg[g]a gingen (3). Im Jahre 1035 gab Kaiser Konrad II. Anweisungen, nach denen Adalbert, Herzog von Namur, nicht berechtigt sei, Einkünfte jedweder Art aus dem Kloster zu beziehen (4).

Die 1034 vollzogene Übereignung dieser Ländereien wurde auf Wunsch Wazos, Bischof von Lüttich, und des Abts von St. Laurentius, Stephan, durch ein Privileg aus dem Jahre 1044 von Kaiser Heinrich III. bestätigt. Aus der Randglosse, die Coelestinus Lombardus seiner Abschrift des Visionsberichts, die er für die Erstausgabe des vorliegenden Textes angefertigt hatte (s. Kapitel „Die Erstausgabe und ihre Entstehung") hinzufügte, geht hervor, daß das Gut Waseg[g]a sich zu Lombardus' Zeiten noch im Besitz des Klosters befunden hatte: „... *predium istud adhuc nostrae Ecclesiae subditur.* "

(76) ... **non aggravabis ... ex hac negligentia.** – Die Nachlässigkeit des Mönchs in der Pflichterfüllung galt von jeher als tadelnswert und wurde mit Strafe geahndet:

> „*Prior quoque pro variis negligentiis suis et suorum ... aliquantas pertulit penas*" (1). Im vorliegenden Text wird die *neglegentia* wegen ihres offensichtlich realen Hintergrundes vom Visionär selbst eingeräumt.

(77) **colonos** – Hier handelt es sich um *coloni ecclesiarum*, d. h. um Bauern, die auf den Landgütern des Klosters arbeiten und seinem Schutz unterstellt sind.

(78) ... **intuitum dirigere diligenterque attendere.** – Der Heilige fordert Johannes auf, auf das Geschehen achtzugeben, das sich sogleich vor seinen Augen abspielen wird. Das Geschehen soll ihm eine Erklärung für die Klage der Bauern und Johannes' daraus resultierende, auf dem Gut erlebte Notlage bieten. Auch in der Vision des Orm wird von einer solchen Aufforderung des Heiligen an den Visionär berichtet, die Geschehnisse genau zu beobachten:

> „... *et iussus sum ab angelo infernalia tormenta diligenter intueri*" (1).

Die Absicht einer solchen Aufforderung ist immer didaktischer Natur und soll dem Visionär die Dinge visuell verdeutlichen, um sie zu verinnerlichen und daraus für sich und andere heilsame Schlüsse zu ziehen.

(79) ... **ut tibi subvenire despiciat omnis sanctus.** – Hier wird die Gegenseitigkeit der Verpflichtung zwischen dem Heiligen und seinem Schutzbefohlenen angesprochen (s. Anm. 73).

Auf den Aspekt der Gegenseitigkeit im Verhältnis Heiliger und Schutzbefohlener wurde auch von Hugo von St. Viktor (bis 11141) hingewiesen, die jedoch von ihm um das Verhältnis Gott und Mensch erweitert wird: „*Oportuit ergo, ut primus homo deum placaret, et sic ... deo patrocinante...*" (1).

(80) **Sensit frater idem dolere sibi pedes ... signum crucis super dolorem ederet.** – Diese Szene mag zunächst einmal merkwürdig anmuten: Johannes, der im Verlauf seiner Jenseitsreise auf keinerlei Schwierigkeit des Weges gestoßen ist, die ihm hätte Schmerzen verursachen können, bittet den Heiligen um einen Segen zur Linderung seines (unerklärbaren) Schmerzes.

Dieser Weg ohne Hindernisse, wie er in der vorliegenden Vision beschrieben ist, steht ganz im Gegensatz z. B. zur Vision Gottschalks, in der der Visionär bei einem Übergang von einer Stätte im Jenseits zur anderen ein Dornenfeld unbeschuht überqueren muss. Obwohl von zwei Begleitern gestützt, wird Gottschalk vom Schmerz niedergezwungen:

> „... *Godeschalcus non munitus pedes ... super miricam illam spinosam deducitur spinisque illis nimis penetrabilibus totos pedes configitur. ... et ultra doloris intolerantia progredi non sustinens ... collabitur*" (1).

Reiner selbst berichtet von einem schweren Weg, den er in einer seiner Visionen zu gehen hat: Hier erhält er den Auftrag, sich unbeschuht auf eine Pilgerschaft zur Wohnstatt Gottes zu begeben; Reiner ist sich dessen bewußt, daß der Weg dorthin mit Dornen und Steinen besät ist:

> „*Nudis ... nutabam pedibus, quoniam iter illud suspectum spinis erat et scrupulis...*" (1).

Im vorliegenden Visionsbericht mag dem Motiv der schmerzenden Füße ein eschatologischer Volksglaube des Mittelalters zugrunde liegen: Für ihren mühseligen Weg zu den ihnen zugewiesenen Plätzen im Jenseits werden Schuhe an die Seelen ausgeteilt, jedoch nur an solche, die in ihrem Leben selbst Schuhe an Arme verteilt hatten. Breiten Raum nimmt das Motiv der Verteilung der Schuhe in der Vision Gottschalks ein (3).

(81) **... dicto citius ...** – s. Vergil., Aen. I, 142.

(82) **Monstrabantur ei in aere ... cadavera iacentia...** – Der erste Anblick, der sich dem Visionär bei seinem Abstieg in die irdische Welt bietet, sind die „Leichen", die er im Raum verstreut liegen sieht.

Hier stellt sich die Frage nach dem Gebrauch, den Reiner von dem Begriff *cadaver* macht, da dieser für die zum Vergleich herangezogenen Visionstexte untypisch ist. Bei *cadaver* handelt es sich um ein Synonym für *corpus,* worauf die Auslegung Jesaia 24 durch Hieronymus hinweist: „*Neque enim cadavera mortuorum possunt intus esse cum Domino*".
    Im weiteren Verlaufe des Kapitels definiert Hieronymus die *cadavera* mit ihrer Art der Sünde und deren Strafe: „*... cadavera virorum, qui praevaricati sunt in Dominum, aeternis tradentur ardoribus*" (1).

In seiner ersten Erwähnung der *cadavera* (*corpora mortuorum*) erläutert Hieronymus, daß sie keinen Anteil an der Gegenwart Gottes haben können, d. h., der Himmel ist ihnen verschlossen. Diese wird ergänzt durch die Definition der *cadavera* als Seelen von Menschen, die sich gegen Gott erhoben und deshalb im ewigen Höllenfeuer brennen müssen (2).

Nach dieser Definition sind *cadavera* Seelen, für die ewige Strafe bestimmt ist, woraus sich die Identifikation des Jenseitsortes als Hölle ergibt, den Johannes wie *en passant* bei seiner Rückkehr in seinen Körper erblickt.

Auf seinem Fall aus der Höhe gewahrt Johannes auch Seelen mit in verschiedenen Stadien angenagten Körpern. Obwohl nicht erwähnt, könnte es sich bei dieser Strafe um einen sich ständig wiederholenden Prozeß handeln, bei dem der von der physischen Strafe zerstörte Körper der Sünder in endloser Folge zum Vollzug der Strafe immer wieder erneuert wird.

Somit haben wir es hier mit einer typenspezifischen Strafe zu tun, die unter anderem auch die Vision von Alberich Settefrati kennzeichnet: Dort ist von einem Riesendrachen die Rede, der die Seelen einsaugt und in Form glühender Asche wieder ausspeit – ein Prozeß, der sich in Ewigkeit wiederholt (3).

(83) ... **humana miseria** – Vgl. Augustinus' „...*miseria generis humani*..." (1).

Der Visionär empfindet Empathie mit den Seelen, die diese Höllenstrafen erleiden und gibt seinem Erbarmen über den Zustand der Menschheit Ausdruck, in dem sie sich als Folge ihrer Sündhaftigkeit befinde. Dazu siehe auch die *Visio Pauli*: „*Ego vero, cum audissem, ploravi et ingemui super genus hominum*" (2). Derartige Mitleidsbekundungen seitens des Visionärs bilden in der relevanten Literatur aber eher die Ausnahme.

(84) ... **quorum dilacerabantur loca genitalia** – Auf seinem Fall aus der Höhe zurück in sein irdisches Leben bemerkt Johannes auch eine Gruppe Frauen und Männer mit abgetrennten Genitalien.

Obwohl es in den Schilderungen der Straforte ein Gemeinplatz ist, daß die Strafe an denjenigen Körperteilen vollzogen wird, mit denen gesündigt wurde, bildet die Schilderung einer Bestrafung an den Genitalien eher die Ausnahme. Einer solchen begegnen wir jedoch auch in der *Visio Wettini*. Hier wird an gleich zwei Textstellen darüber berichtet: -

„... *ipsas ... feminas ... constrictas in eodem igne usque ad loca genitalium dimersas. Dictum est ei ... quod sine intermissione ... semper in locis genitalibus virgis caederentur*".

An anderer Stelle wird von Karl dem Großen am Strafort erzählt, der eine ebensolche Strafe erleiden muss:

„Illic … quemdam prinicpem, qui Italie et populi Romani sceptra quondam rexe-rat, vidisse stantem dixerat, et verenda ejus cujusdam animalis morsu laniari, reliquo corpori immuni ab hac lesione manente" (1).

(85) **… quedam dire facies, persone terribiles, uncibus manibus eum corri-pere conitentes…** – Hier findet sich die Voraussicht des Hl. Laurentius hinsichtlich einer zu erwartenden Bedrohung des Visionärs durch die Dämonen bestätigt, ebenso auch die Wirkmächtigkeit der Nennung des Namens des Heiligen im weiteren Verlauf Johannes' Abstiegs.

(86) **Danda est venia humane fragilitati** – An dieser Stelle heischt der Visionär mitleidendes Verständnis angesichts seines geschwächten körperlichen Zustandes, indem er auf die Schwachheit des Menschen allgemein hinweist, der manches zu verzeihen sei.

Der Hinweis auf die Schwachheit des Menschengeschlechtes im Kontext einer Jenseitsreise ist für solche Berichte untypisch. Ein Beispiel einer bedingten Bereitschaft zum verzeihenden Verständnis für die Schwachheit des Menschen findet sich in der Exegese zur Genesis bei Hugo von St. Viktor (bis 1141): *„Multa concessa sunt, ut fragilitati humanae provideretur et ut non posset excusari inobedientia"* (1).

(87) **in tabellis (tabella/tabula)** – Bezeichnung der für die als Beschreibstoff dienenden Wachstafeln, die im Mittelalter im Wesentlichen bei der Konzipierung von Texten Verwendung fanden und deren Inhalt nach der Korrektur auf Pergament übertragen wurde.

Ein Zeugnis aus dem Mittelalter für den weitverbreiteten Gebrauch der *tabulae* findet sich im folgenden Studentenlied aus den *Carmina Burana*: *„Stilus nam et tabulae/sunt feriales epulae…"* (1).

Die Darstellung bei Reiner, der zufolge Johannes sein Visionserlebnis einem Mitbruder diktierte, bestätigt die Praxis, wie sie häufig bei Texten dieser Gattung angewandt wurde: Der Schreiber, dem der Bericht diktiert wurde, tritt hinter dem Berichteten zurück und fungiert nur als Mittler. Anders jedoch ist es in „großen" Visionen des 12. Jhds., in denen der Schreiber aus der Anonymität heraustritt und die Dokumentation des Visionsberichts durch ihn selbst bestätigt. Ein solches Zeugnis, in der ersten Person abgegeben, in dem auch die verwendeten Schreibgeräte Erwähnung finden, bildet die Vision Gottschalks, in der der Verfasser berichtet: *„Vocatus veni, afferens mecum … tabulas et stilum signaturus visionem… … continuo lectulo eius assidens ex ore ipsius seriatim visionem fideliter signavi"* (2).

Auch in den zwei letzten Kapiteln der *Visio Wettini* findet die Tatsache der Dokumentation des Visionserlebnisses Erwähnung – allerdings bleibt der Schreiber Hatto im Nachwort der Vision ungenannt.

Die *Visio Wettini* stellt auch ein Beispiel für die Bedeutung dar, die die Visionäre häufig selbst dem Aufschreiben ihres Erlebnisses beimessen: Wetti drängt seine Brüder, das von ihm Erlebte aufzuschreiben und den Bericht bis zum Anbruch des nächsten Morgens fertigzustellen: *„Vos, ait, interea liquenti cerae haec imprimite, ut aurora illuscescente paratiora reddantur."* Und, ähnlich der vorliegenden Vision, sieht Wetti noch einmal das Geschriebene durch: *„Prolatis igitur in medium quae nocturno silentio trepida velocitate tabulis impressa fuerant, verbo et scripto recapitulavit universa"* (3).

Zur Rolle der Schreiber/Dokumentatoren/Verfasser der Visionsberichte, siehe: S. E. Knopp, *The Figure of the Narrator in Medieval Romance and Dream Vision* (4).

(88) ... **quod forte alicui poterit prodesse** – Der hier ausgesprochene Gedanke weist auf die positive Wertung hin, deren sich im Allgemeinen besonders die Visionen der vorliegenden Gattung im 11. und 12. Jhd. erfreuten. Der Grund hierfür ist in dem Nutzen zu suchen, der diesen Visionen nach allgemeiner Auffassung in didaktischer Hinsicht zuerst einmal dem Visionär selbst, aber auch den Gläubigen allgemein, ohne Unterschied von Stand, Stellung, etc., zugeschrieben wurde. Davon gibt es ein anschauliches Zeugnis im *Liber Visionum* Otlohs von Emmeram, in dem er auf den Nutzen hinweist, den die Visionen auch für die geistlichen Hirten darstellen:

„Talia ... mihi retulit ille ... clericus ..., quae etiam ego ad aedificationem refero aliorum, illorum scilicet qui cum pastores sint Ecclesiae aliisque pro religionis speculo praeponantur..." (1).

Vom didaktischen und aufbauenden Wert dieser Visionen für das Volk der Gläubigen berichtet das Nachwort im Visionsbericht Gottschalks. Hier schildert ein Abschnitt den nicht abreißenden Besucherstrom einfacher Gläubiger im Hause des Visionärs, die aus berufenem Munde Einzelheiten aus dem Jenseits zu hören begehren. Bei einigen Gläubigen führt der Bericht zu dem Vorsatz, sich zu bessern, andere suchen den Visionär auf in der Hoffnung, durch seine Erzählung Erstarkung im Glauben zu finden:

„Plerique ... venientes, audito eo, non inanes prorsus, sed emendati potius proposito melioris conversationis animo concepto recedunt. Alii autem edificationis proprie gratia devote ad eum accedentes..." (2).

(89) **Omnes tamen stabimus** ... – Vgl.: Römer 14, 19: *„... omnes etiam stabimus ante tribunal Dei";* Kor. 4, 10: *„... omnes enim nos manifestari oportet ante tribunal Christi."*

(90) ... **nec discutietur meritum videndi, sed vivendi.** – Die Auffassung vom höheren Wert des gottgefälligen Lebens gegenüber der Gabe, Visionen zu empfangen, ist von Reiner auch in seinem Autorenkatalog ausgesprochen worden: „*Deum non sancta visio, sed sancta meretur actio*" (1).

Es ist nicht auszuschließen, daß Reiner hier Anregung bei Gregorius dem Großen gefunden hat, wie die folgende Belegstelle aus Gregorius' *Libri Dialogorum* zeigt:

> „*Vitae namque vera aestimatio in virtute est operum, non in ostensione signorum. Nam sunt plerique, qui etsi signa non faciunt, signa tamen facientibus dispares non sunt*" (2).

Die Erwähnung des zukünftigen Gerichts im vorliegenden Zusammenhang, bei dem der Mensch Rede und Antwort für seine Taten zu stehen hat, findet sich in ähnlicher Formulierung auch in Reiners *Libr. Lacrym.*:

> „*... quis futurae judicio Christi memor discussionis...*" (3).

Appendix: *visitatio angelica* und *refrigerium*

Mit *visitatio angelica* werden Besuche von Engeln oder Heiligen an den Straforten bezeichnet, die den dort leidenden Seelen temporäre Linderung *(refrigerium)* bringen. Ihren Vorläufer hatte die *visitatio angelica* im Gleichnis des Lukasevangeliums vom Armen Lazarus und dem Reichen im Jenseits. Dieser bittet Lazarus, aus Abrahams Schoß zu ihm herüberzukommen und ihm, dem im heißen Wasserbecken leidenden Reichen, durch Kühlung Linderung zu verschaffen:

> „... *pater Abraham misere mei et mitte Lazarum ut intinguat extremum digiti sui in aqua ut refrigeret linguam meam, quia crucior in hac flamma*" (1).

Die Einsetzung der temporären Linderung als feste Regelung für die Seelen am Strafort fand bereits im frühen Christentum durch den überlieferten Besuch Christi in der Hölle statt. Als Akt göttlicher Barmherzigkeit wurde diesen Sündern Straferleichterung an jedem Sonntag zum Gedächtnis an die Auferstehung Christi gewährt. Von diesem Ereignis berichtet die *Visio Pauli*, die bezeugt, daß die leidenden Seelen allein durch den Anblick Christi Linderung erfuhren: „*Ex hoc enim vidimus te, refrigerium habemus...*" (2).

Die Vorstellung von der allsonntäglichen Straferleichterung läßt sich auf jüdische Quellen der Literatur der *Aggadah* zurückführen, nach der den Seelen in der Hölle an jedem Sabbattag eine Unterbrechung ihrer Leiden gewährt wird (3).

Einer Vision des frühen Mittelalters zufolge ist die Institution des regelmäßigen *refrigerium* jedoch indirekt aufgehoben, da nach ihren Worten die Seelen in der Hölle niemals von der Barmherzigkeit Gottes erreicht würden:

> „*Et dixit ei angelus: ‚Murmur et fletus, quem in inferioribus audis, illarum est animarum, ad quas numquam pia miseratio Domini perveniet; sed aeterna illas flamma sine fine cruciabit'*" (4).

Dieser Auffassung folgte der Theologe Honorius von Autun (bis 1154), indem er das *refrigerium* explicit nur den Seelen im Fegefeuer zugestehen wollte. Als Linderung für sie führt Honorius kühlenden Windhauch an, Wohlgerüche und andere von dem himmlischen Besucher vermittelte Tröstungen (5). Im Laufe der Zeit erfuhr der Begriff *refrigerium* eine Bedeutungserweiterung und bezeichnete damit auch das Paradies, d. h. den Ort, an dem sich die Seelen der Gerechten nach einer kurzen Läuterung im Fegefeuer bis zur Auferstehung der Toten aufhalten:

> „*Quia, Deo annuente, huc venisti, debes ... discere, qualiter nos primum transeuntes per ignem purgatorium, exinde ducti sumus in quod vides refrigerium*" (6).

Das *refrigerium* als feste Einrichtung der temporären Linderung bzw. Straferleichterung fand als Motiv auch Eingang in eine ungewöhnliche Vision des
10. Jahrhunderts, der *Navigatio Brendani,* die eine mystische Ozeanbesege-
lung auf der Suche nach dem irdischen Paradies *(terra repromissionis)* schildert. Das hier relevante Erlebnis des Abts Brendan und seiner Gefährten ist
die Begegnung auf ihrer Reise an einem Sonntag mit Judas Ischkarioth: Von
weitem her bemerkt die Mannschaft vom Schiff aus eine auf einem Felsen
im Meer sitzende menschliche Gestalt, die sich im Näherkommen als Judas
Ischkarioth zu erkennen gibt. Von ihm erfahren die seefahrenden Mönche,
daß er jeden Sonn – und Festtag aus den Tiefen der Hölle zu diesem Felsen
emporsteigt, um hier von seinen ewigen Qualen zu auszuruhen (7).

Anmerkungen zum Kapitel „Einführung"

1. L. Maître, *Les écoles de Liège aux XI et XIIe siècles,* S. 160–161.
2. Reiner von Lüttich, *De ineptiis,* ed. W. Arndt, *MGH* SS XX, S. 598.
3. loc. cit.
4. Ch. Renardy, ‚Le terme *magister* au point de vue sémantique et institutionnel‘, in *Le monde des maîtres universitaires du diocèse de Liège,
   1140–1350,* S. 86.
5. Reiner von Lüttich, *op. cit.,* S. 598.
6. loc. cit.
7. id., *Vita et Passio St. Mariae Virg. Cappadocis,* Prol., *PL* 204, col. 61.
8. loc. cit.
9. loc. cit.
10. Dom Rivet, *Histoire littéraire de la France,* vol. XII, S. 530.
11. Joannes mon. S. Laur. Leod. „Notitia", *PL* 180, coll. 177–178.
12. U. Berlière, *Monasticon belge,* II (Liège), S. 38–39.
13. J. van Engen, ‚Rupert von Deutz und das Chronicon St. Laurentii
    Leod.‘, *DA* 35, 1979, S. 37
14. H. Silvestre, ‚Notice sommaire sur Renier de St.-Laurent‘, *Le Moy-
    enÂge,* 71, 1965, S. 9.
15. Cl. Carozzi, *Le voyage de l'âme dans l'au-delà,* S. 465 ff.
16. Reiner von Lüttich, *op. cit.,* S. 601–602.
17. id., *op. cit.,* S. 602.
18. loc. cit.
19. Reiner von Lüttich, *op. cit.,* S. 600.
20. loc. cit.
21. loc. cit.

22. loc. cit.

23. loc. cit.

24. J. van Engen, *op. cit.*, S. 37, 43.

25. Reiner, *op. cit.*, S. 599.

26. id., *op. cit.*, S. 602.

27. id., *op. cit.*, I, S. 594.

28. id., *op. cit.*, I, S. 598.

29. id., *op. cit.*, I, S. 595.

30. loc. cit.

31. id., *op. cit.*, I, S. 594.

32. id. *op. cit.*, I, S. 597.

33. id., *op. cit.*, I, S. 594.

34. id., *op. cit.*, I, S. 597.

35. loc. cit.

37. Rupert von Deutz, *Chronicon St. Laurentii Leod.*, cap. 49, *PL* 170, coll. 700–701.

38. Reiner von Lüttich, *De ineptiis*, I, S. 595.

39. id., *op. cit.*, I, S. 596.

40. Anselm von Lüttich, *Gesta episcop. Leod.*, II, 63, *MGH* SS VII, S. 227.

41. Reiner von Lüttich, *Vita Pelagiae*, *PL* 204, col. 55.

42. E. Martène et U. Durand, *Veterum Scriptorum Collectio Amplissima*, tom. IV, Paris, 1724, S. 1183.

43. J. Lesire, *La ferme abbatiale de Glons*, S. 164, no. 4.

44. id., *op. cit.*, S. 164.

45. U. Berlière, ‚Le nombre des moines dans les anciens monastères', *RB* 41, 1929, S. 232.

46. J. Stiennon, *L'abbaye de St.-Jacques de Liège*, S. 443–444.

47. Annales St. Jacobi Leod., pars secunda, 1056–1174, *MGH* SS VI, S. 641.

48. loc. cit.

49. loc. cit.

50. Annales St. Jacobi Leod., ibid., S. 640.

51. H. Silvestre, *Renier de St.-Laurent et le déclin des écoles Liégeoises au XIIe s.*, S. 1–12.

52. Reiner von Lüttich, *De ineptiis*, I, ibid., S. 597.

53. id., *op. cit.*, I, S. 593, 598; II, S. 602.

54. id., *Vita Wolbodonis*, *MGH* SS XX, S. 565.

55. id., *De casu fulminis*, ibid., S. 616.

Anmerkungen zum Kapitel „Der Visionsbericht und die Textzeugen"

1. U. Berlière, ‚Notes sur quelques écrivains...', *RB* XII, 1895, S. 433–434.
2. Coelest. Lombardus, *Briefe an Pez*, Melk, Stiftsarchiv, Ms. 7/K 7, S. 215.
3. *Thesaurus Anecdot. Novissimus*, IV, ibid., „Praefatio", S. 3.
4. Coelest. Lombardus, *Bibliothecae S. Laurentii Specimen*, s. l., s. a., S. 436–437.
5. *AASS*, Aug. II (10. 8.), S. 483–532.
6. ibid., S. 520.
7. loc. cit.

Anmerkungen zum Kommentar, 1–90

zu 1) Visio et miraculum

1. *Gerardi Vita Sancti Ouldarici*, MGH SS IV, S. 388.
2. Otloh von St. Emmeram, *Liber Visionum*, „Prol.", *PL* 146, col. 341.
3. Petrus Venerabilis, *De miraculis libri duo*, „Prol.", *PL* 189, col. 851. id., *op. cit.*, Lib. I, ix, col. 871; (vgl. Anm. 88, „...*quod forte alicui poterit prodesse.*").
4. Jacobus de Voragine, *Leg. Aurea*, IV, ed. Th. Graesse, 1846, S. 237.

zu 2) St. Laurentius

1. *AASS*, Aug. II [10. 8.], p. 495, #52; Hs. A, foll. 39v, 13–16.
2. ibid., #53.
3. *VDG*, vol. V, Nr. 3433, No. 4.
4. Marbod von Rennes, *Versus de sancto Laurentio*, *PL* 171, coll. 1607–1614.
5. Eine Gegenüberstellung beider Werke, siehe *MGH* SS XX, S. 579–582.
6. Ludwig d. Ä., *Translatio reliquiarum beati Laurentii*, *MGH* SS XX, S. 580.

zu 3) ... plurima memoratu digna ... testatur...

1. Beda Venerabilis, *Visio Drythelmi*, edd. B. Colgrave/R.A.B. Mynors, S. 488.

zu 4) Johannes s. Kap. „Der Visionär Johannes im Werk Reiners von Lüttich".

zu 5) presbyter

1. *Benedicti Regula*, *CSEL* 75, ed. W. Hanslink, 1960, cap. 3,9.

zu 6) ... in illo tempore...

1. B. Hauréau, *Initia Operum Script. Catal.*, vol. III, App. 1, Turnholt, 1974.

zu 8) flebot[h]omia

1. Beda Venerabilis, *Opera omnia*, **PL** 90, coll. 959–962.
2. Bernh. von Clairvaux, *Sermones de diversis*, *CVII*, „*Sermo de spirituali minutione sanguinis"*, **PL** 183, col. 753.
3. Petrus de Honestis, *Regula clericorum*, II, xxiv, **PL** 163, col. 728.
4. Wilhelm von Hirsau, *Constitutiones Hirsaugienses*, cap. lxii, **PL** 150, col. 992.
5. Petrus de Honestis, loc. cit.
6. ibid.
7. Zum Thema „Aderlaß" im 12. und 13. Jhd., siehe: *Arnaldi de Villanova Opera medica omnia, IV, Tractatus de consideracionibus operas medicine sive de flebotomia*, ed. L. Demaître, *Introduccion P. Gil-Sotres*, Barcelona, 1988, S. 9–47.

zu 9) ... accensio ardencium febrium sanguine inflammavit cerebrum.

1. P. Dinzelbacher, ‚Körperliche und seelische Vorbedingungen religiöser Träume und Visionen', in: Tullio Gregory, *I sogni di mediaevo*, Rom, 185, S. 70–73.

zu 10) Cum per quatriduum languor cresceret...

1. Beda Venerabilis, *Visio Drythelmi,* edd. B. Colgrave/R.A.B.Mynors, S. 488.
2. *Vita et visio simplicis Orm*, cap. 2, ed. H. Farmer, S. 77.
3. *Visio Tnugdali*, ed. A. Wagner, S. 7.

zu 11) ... natalis beati Martini episcopi supervenit dies.

1. Sulpicius Severus, *Vita Martini*, **CSEL** 1, cap. 2, ed. C. Halm, S. 111.
2. id., *op. cit.,* cap. 4, ibid., S. 114.
3. loc. cit.
4. *AASS* Sept. VI [22.9.], S. 385 (s. a. Text, Anm. 71, „St. Mauritius").
5. Lexikon für christliche Ikonographie, ed. W. Braunfels, vol. 7, S. 576–578.
6. Euraclius, *Relatio miraculi St. Martini*, **PL** 135, col. 948.

zu 12) ... in cellulam secretiorem.

1. Reiner von Lüttich, *Libr. Lacrym.* I, i, *PL* 204, col. 156.
2. P. Hawel, *Das Mönchtum im Abendland*, 1993, S. 166–167.
3. Reiner, *De ineptiis*, II, *MGH* SS XX, S. 600.

zu 13) ... ad vespertine laudis officium...

1. *Benedicti Regula*, *CSEL* 75, ed. W. Hanslink, 1960, S. 64.

zu 14) ... putantibus ... quod obdormisset.

1. Hatto episc. Basileensis, *Visio Guetini*, *PL* 105, col. 772.

zu 15) ... factus in extasi id est excessu mentis...

1. Tertullian, *De anima*, ixv, *PL* 2, col. 725.
2. Act. Ap., *10*, 10; *11, 5*.
3. Ausführliches zum Zustand der Ekstase während einer Vision, siehe P. Dinzelbacher, *Vision und Visionslit. im MA*, 2. erw. Aufl., 2017, S. 105ff.
4. P. Dinzelbacher, *op. cit.*, 1981, S. 141.
5. Reiner von Lüttich, *De Vita et Passione St. Mariae Virg. Cappadocis*, *PL* 204, col. 61; id., *Lib. Lacrym.*, I, iii, ibid., col. 159;
6. J. Gessler, ‚La bibliothèque de l'abbaye de Saint-Laurent à Liège au XIIe et au XIIIe siècle‘, S. 126.
7. Hugo von St. Viktor, *Expositio in Hierarchiam celestem S. Dionysii Areopagitae*, *PL* 175, col. 983.
8. loc. cit.
9. *Rimberti Vita Anskarii*, *MGH* SS II, cap. 36, p. 719; dazu auch: P. Dinzelbacher, ‚Körperliche und seelische Vorbedingungen religiöser Träume und Visionen‘, in: Tullio Gregory, *I sogni de Mediaevo*, Rom, 1985, S. 85.

zu 16) vestibulum

1. H. Reinhardt, ‚Études sur les Églises-Porches Carolingiennes et leur surviance dans l'Art Roman‘, in *Bulletin monumental*, 96, 1937, S. 433.
2. P. M. Guy, ‚Le vocabulaire liturgique latin‘, in *La léxicographie du Latin Médiéval et ses rapports avec les recherches actuelles sur la civilisation du Moyen Âge*, 1981, S. 301.
3. Otloh von St. Emmeram, *Liber visionum* xvi, *PL* 146, col. 372; dazu auch: P. Hawel, *Das Mönchtum im Abendland*, 1993, S. 214.

zu 17) … cui … pictura obtendebatur

1. Reiner von Lüttich, *De ineptiis*, I, *MGH* SS XX, S. 597.
2. Martène et Durand, *Collectio Script. Veter. Ampl.*, Reiner von Lüttich, *Hist. monast. St. Laurentii*, cap. 44, tom. IV, coll. 1087–1088.
3. J. Helbig, ‚Les peintres bénédictins de l'abbaye de St.-Laurent', in *La peinture au pays de Liège et sur les bords de la Meuse*, 1903, S. 84, 85.

zu 18) … sentiebat personam tenentem in manu radium eburneum

1. Euraclius, *Relatio miraculi St. Martini*, *PL* 135, col. 947.
2. Honor. von Autun (Augustodunensis), *De divinis officiis*, I, xxviii, *PL* 172, col. 610; dazu vgl.: Vulgata, *Prov.* 13, 24: „*Qui parcit virgae odit filium suum.*"
3. V. Trost, *Scriptorium*, 1991, S. 6.
4. Reiner von Lüttich, *De ineptiis,* I, *MGH* SS, S. 598.
5. id., *op. cit.*, II, ibid., p. 600.
6. Sigebert von Gembloux, *Passio Sanctorum Thebaeorum*, cap. xv, ed. E. Dümmler, 1893, S. 122.
7. P. Riché, ‚L'enfant dans la société monastique au XIIe siècle', in *Pierre Abélard et Pierre le Vénérable; Les courants philosophiques, littéraires et artistiques* (Actes du Congrès de Paris), Paris, 1975, S. 695, note 24).
8. Rabanus Maurus, *Allegoriae in universam Sacram Scripturam*, *PL* 112, col. 913.

zu 20) O quam delectabile … divinis rebus intendere animum

1. Reiner von Lüttich, *Vita sanctae Mariae Virginis Cappadocis*, *PL* 204, col. 61.
2. *Benedicti Regula*, XLVIII, 1, *CSEL* 75, ed. R. Haslink, 1960, cap. 3.9.
3. Isidor von Sevilla, *Sententiae Libri tres*, III, viii, *PL* 83, col. 679–680.
4. Ambrosius von Mailand, *De officiis ministrorum*, I, xx, *PL* 16, col. 88.
5. Isidor von Sevilla, *op. cit.*, ibid.
6. loc. cit.
7. loc. cit.
8. J. Gessler, ‚La bibliothèque de l'abbaye de Saint-Laurent à Liège au XIIe et au XIIIe siècle', S. 134, 135.

zu 21) … in talia gestorum materia…

1. Cl. Carozzi, ‚Le voyage de l'âme dans l'au-delà d'après la littérature latine (V-XIIIe siècle)', in *Collection de l'École Française de Rome (CEFR)* 189, 1994, p. 472.

zu 22) ... dare pulchritudinis eloquium

1. Beda Venerabilis, *In Pentateuchum comentarii*, XLVIII, *Expositio inprimum librum Mosis*, *PL* 91, coll. 282–283.
2. Hugo von St. Viktor, *Exegetica in Scrip. Sacr.* VII, *PL* 175, col. 60.

zu 23) Hanc intentionem ... cordi habuisset

1. Mansi, *Sacrorum Conciliorum nova et amplissima collectio*, t. 21, Concil. Lateranense I, can. 17, col. 285, in J. Leclercq, ‚On monastic priesthood‘, *Studia monastica 3*, 1961, S. 151–152.
2. Rupert von Deutz, *De vita vere apostolica*, III, vii-ix, *PL* 170, col. 637.

zu 24) ... radium ... intentans ejus capiti ...

1. s. Anm. 18), „*sentiebat personam tenentem... radium*".

zu 25) Beatus ... Laurentius patronus meus est.

1. „Namensgebung", *TRE*, Bd. 23, 1994, S. 755–756.
2. Reiner von Lüttich, *Vita Wolbodonis*, cap. 16; 17, *MGH* SS XX, S. 569.
3. Rupert von Deutz, *De incendio Tuitiensis*, capp. 18–21, ed. H. Grundmann, S. 463–469.
4. *Visio Tnugdali*, ed. A. Wagner, p. 53.

zu 26) ... me puerum suscepit...

1. J. Daris, ‚Notices sur l'abbaye de St.-Laurent‘, in *Bulletin de la Société d'Art et d'Histoire du diocèse de Liège*, tom. II, pp. 111, 114.
2. Reiner von Lüttich, *De ineptiis*, I, *MGH* SS XX, S. 595.
3. D. Illmer, ‚Formen der Erziehung und Wissensvermittlung im frühen Mittelalter‘, in *Münchener Beiträge zur Mediävistik und Renaissanceforschung*, Bd. 7, S. 25, Fußn. 54.
4. id., *op. cit.*, S. 22–23.
5. id., *op. cit.*, S. 23–24, Fußn. 48.

zu 27) ... ne forte illusio esset ... cepit ... frontem suam signo crucis armare. ... Non, frater, fantasmate deluderis...

1. Reiner von Lüttich, *Lib. Lacrym.* II, ii, *PL* 204, col. 166.
2. *Athanasii Vita Antonii abbatis*, *PG* 40, col. 1097.
3. Petrus Venerabilis, *De miraculis libri duo*, I, xvii, *PL* 189, col. 882.
4. *Vita Pachomii*, xvii, *PL* 73, col. 240.
5. Hugo von St. Viktor, *De Sacramentis,* II, 9, 8, *PL* 176, col. 475.

zu 30) Ego inspector et testis adero

1. Honor. von Autun (Augustodunensis), *Elucidarium*, III, xx, **PL** 172, col. 1173.
2. A. Blaise, Dictionnaire Latin-Français des auteurs chrétiens, Turnhout, 1954, S. 321: „*examinator*", 1. celui qui pèse.
3. Illumination zu Isidors *Etymologiae*, Ms. aus Prüfening, 1160/1165, Bayerische Staatsbibliothek, München, ms. Clm. 13031, fol. 1r, S. 463–469.
4. Fritz Wagner, ‚Mene, mene, tekel upharsin, Bemerkungen zum Motiv der Seelenwägung', in: *Psyche, Seele, anima*, Festschrift für Karin Alt, 1998, S. 369–382.

zu 31) ... negligentiarumque...

1. Petrus Damiani, *De perfectione monachorum*, I, **PL** 146, col. 291.

zu 32) Ex hoc ... minime morieris

1. Gregorius I., *Libr. Dialog,* IV, xlvii, **PL** 77, col. 408.

zu 33) ... ad nutum eius ... preducem ... sequi cepit

1. *Visio Baronti*, cap. 3, ed. W. Levison, *MGH SS* V, p. 379.
Ein detailreiches Beispiel dieser beiden Aufgaben findet sich in der Vision des Mönchs von Wenlock, ed. E. Dümmler, *MGH* Epist. Merov. et Karol. Aevi, I, repr. 1957, S. 256.

zu 34) ... sentiebat se ... ascendere, presertim cum audiret ... duo maiora ecclesie signa ad officium verspertinum ... clangere

1. *Visio Baronti*, cap. 5, ed. W. Levison, *MGH* SS V, S. 381.
2. loc. cit.

zu 38) ... de deorsum quasi quasdam larvas subsilire

1. DuCange et al., *Glossarium mediae et infimiae latinitatis*, tome V, S. 32.

zu 39) ... sicut fumus deficiebant...

1. Reiner von Lüttich, *Libr. Lacrym.*, III, i, **PL** 204, coll. 172–173.

zu 41) Non est nobis colluctatio...

1. Reiner von Lüttich, *Libr. Lacrym.*, I, iii, **PL** 204, col. 160.

zu 42) Vox illa contra demones est...; ... eos tribulantem sentient deum

1. *Visio Tnugdali,* ed. A. Wagner, S. 12.
2. *Vita Fursei,* cap. 11, 12, ed. W. W. Heist, S. 42.

zu 43 Ecce autem a parte orientali sedes ... apparuit ei...

1. *Visio monachi de Eynsham,* ed. H. Thurston, cap. xv, S. 254.
2. *Rimberti Vita Anskarii,* cap. 3, *MGH* SS rer. Germ. II, p. 691; dazu s. a. P. Dinzelbacher, *Vision und Visionsliteratur im Mittelalter,* 2. erw. Aufl., 2017, S. 219ff.

zu 44) ... persone sedebant in habitu monachali

1. P. Dinzelbacher, *Mittelalterliche Visionsliteratur; eine Anthologie,* 1989, S. 138.
2. Petrus Lombardus, *Sentent. Libr.,* IV, *Dist.* xliv, 7, *PL* 192, col. 947.

zu 45) Semirase ... eorum erant facies

1. Lanfrancus Cantuariensis, *Decreta pro ordine S. Benedicti,* cap. xi, „De rasura fratrum", *PL* 150, col. 494.
2. loc. cit.

zu 46) Habebant sane pro consolatione ... in penitentia sua

1. *Visio monachi de Eynsham,* cap. xxxv, ed. W. W. Heist, S. 290.

zu 47) Fuerunt quos ibi recognovit...

1. Henr. de Salter., *Tract. Purgat. S. Patricii,* VI, 48, *PL* 180, col. 993.

zu 48) ... nec sede moveri...

1. P. Dinzelbacher, *Mittelalterliche Visionsliteratur; eine Anthologie,* 1989, S. 138.

zu 50) ... sub demonum rediguntur potestatem...

1. Reiner von Lüttich, *Libr. Lacrym.* I, iii, *PL* 204, col. 159.

zu 53) ... vel beatissimorum patronorum inverventu...

1. Reiner von Lüttich, *Libr. Lacrym.* I, iii, *PL* 204, col. 159.
2. *Visio monachi de Eynsham,* cap. xxi, ed. W. W. Heist, S. 268.

zu 54) ... felix penitentia est ... cum ... nec ab eis (sc. demonibus) territantur...

1. Reiner von Lüttich, *Libr. Lacrym.* I, iii, *PL* 204, col. 158.

zu 55) Quam vellent ... se astitisse divinis servitiis ...

1. J. Gessler, ‚La Bibliothèque de l'abbaye de Saint-Laurent à Liège au XIIe et au XIIIe siècle', S. 110.

zu 56) Suspirant, quod non admittuntur contemplationi divine...

1. Guibert von Nogent, *De pignoribus sanctorum*, IV, viii, *PL* 156, col. 679.

zu 59) ... frater idem datum audivit exemplum...

1. Gregorius I., *Dialog. Lib.* I, *PL* 77, col. 155.

zu 60) ... subitanea et improvisa morte preventus...

1. Reiner von Lüttich, *Libr. Lacrym.*, III, ii, *PL* 204, col. 173.
2. Beda Venerabilis, *Visio Drythelmi*, edd. B. Colgrave/R.A.B. Mynors, S. 498.
3. *Visio monachi de Eynsham*, cap. li, ed. H. Thurston, S. 310.
4. J.-Cl. Schmitt, *Ghosts in the Middle Ages; the living and the dead in medieval Society*, Chicago, 1998.

zu 61) ... eius interventu...

1. *Visio monachi de Eynsham*, cap. xviii, ed. H. Thurston, S. 262.

zu 62) Alter vero ... pretulit alium (sc. patronum) serviens ibi deo, non tamen culpe ducens sanctum quemquam preferre patrono

1. *Guerrici abb. Igniac. sermones per annum*, Sermo I, *PL* 185, col. 99.

zu 63) Erat autem ibi claritas maxima, ad quam ... caligabat anima...

1. *Vita Anskarii*, cap. 9, ed. C. F. Dahlmann, *MGH* SS II, S. 696.

zu 64) ... an audire posset quod legerat in scripturis

1. *Vita Christiani monachi*, cap. xiii, ed. J. Leclercq, S. 34.
2. Apoc. Joh. 14, 2.

zu 65) Cuius cogitationi respondens maximus ductor ait

1. Beda Venerabilis, *Visio Drythelmi*, edd. B. Colgrave/R. B. A. Mynors, S. 492.

zu 66) ... longitudo et latitudo alicuius maximi templi...

1. *AASS*, Sept. VI [22.9.], „Mauritius", S. 400.

zu 67) ... resonare ceperunt vocule modo mirabili... ... voces vocibus conficientes concentum...

1. Gregorius I., *Expos. in regibus*, 1, 20, in: H. Aubert, *Musikanschauung des Mittelalters*, S. 215, n. 2.

zu 69) ... devita opprimi nimiis occupationibus nisi sit causa inevitabilis

1. *Visio Gunthelmi*, *PL* 212, col. 1062.

zu 70) ... si demones te terrere ceperint ... eius nomen in faciem inclama illis

1. *Visio Baronti,* cap. 16, ed. W. Levison, *MGH* SS V, S. 390.
2. Henr. de Salteriensis, *Tract. De Purgat. St. Patricii*, VI, 47, *PL* 180, col. 993.

zu 71) St. Mauritius

1. Eucherius, *Passio Agaunensium Mart. Ss. Mauricii ac sociorum eius, PL* 50, coll. 827–832; Die Prosafassung der *Passio*, s. *MGH* SS rer. Merov., III, ed. B. Krusch, S. 32–41; Eucherius, *op. cit.*, ibid., S. 37.
2. Gregorius von Tours, *Historia Francorum*, X, xxxi, *PL* 71, col. 571.
3. Sigebert von Gembloux, *Passio Sanct. Thebaeorum*, ed. E. Dümmler, S. 81–123.
4. *VDG,* V, Nr. 3180, *37, *44; Nr. 3139, *17, 22; Nr. 33, *8, *18.
5. H. Beumann, ‚Laurentius und Mauritius: Zu den missionspolitischen Folgen des Ungarnsieges Ottos des Großen', in *Festschrift für Walter Schlesinger*, ed. H. Beumann, Bd. II, 1974, S. 267.
6. *op. cit.*, S. 266.

zu 72) Erat autem chlamide purpurea indutus

1. Reiner von Lüttich, *Vita St. Tiebaldi*, I, iii, *PL* 204, col. 772; ebenso: *Visio Wettini*, cap. 2, *PL* 105, col. 772.2. Reginhard von Sigeberg, *Vita St. Ann. Colon. archiepisc.*, cap. xvii, *PL* 143, col. 1556.
3. Sulpicius Severus, *Vita Martini*, recens. C. Halm, *CSEL* 1, cap. 3, S. 113.

4. loc. cit.

5. J. Gessler, ‚La bibliothèque de l'abbaye de Saint-Laurent à Liège au XIIe et au XIIIe siècle', S. 131.

zu 73) patrocinium

1. Marbod von Rennes, *Vita Sancti Licinii*, II, 20, *PL* 171, col. 1438.

zu 75) predium

1. Reiner von Lüttich, *Vita Wolbodonis*, cap. 20, *MGH* SS, XX, S. 570.
2. Rupert von Deutz, *Chronicon St. Laur. Leod.*, cap. 25, *PL* 170, col. 686.
3. J. Daris, ‚Extraits du Cartulaire de St.-Laurent', in: *Bulletin de la Société d'Art et d'Histoire du diocèse de Liège*, tom. II, Liège, 1882, S. 1424. *op. cit.*, S. 237.

zu 76) ... non aggravabis ... ex hac negligentia

1. *Visio monachi de Eynsham*, cap. lii, ed. H. Thurston, S. 311.

zu 78) ... intuitum dirigere diligenterque attendere

1. *Vita simplicis Orm*, cap. 5, ed. H. Farmer, S. 80.

zu 79) ... ut tibi subvenire despiciat omnis sanctus

1. Hugo von St. Viktor, *Dogmatica*, pars viii, iv, *PL* 177, col. 308.

zu 80) Sensit frater idem dolore sibi pedes petiitque ... ut ... signum crucis super dolorem ederet

1. *Visio Godeschalci*, cap. 7, ed. E. Assmann, S. 58.
2. Reiner von Lüttich, *Libr. Lacrym.*, I, iv, *PL* 204, col. 161.
3. P. Dinzelbacher (Hrsg.)/D. Bauer, ‚Verba hec tam mistica ex ore tam ydiote glebonis', in: *Volksreligion im hohen und späten Mittelalter*, Paderborn, 1990, S. 57–99.

zu 82) Monstrabantur ei in aere ... cadavera iacentia...

1. Hieronymus, *In Isaiam* XVIII, xlvi, *PL* 24, col. 676.
2. P. Dinzelbacher, *Vision und Visionsliteratur im Mittelalter*, 2. Aufl., 2017, S. 201 ff.
3. *Visio Alberici*, cap. 9, ed. P. G. Schmidt, S. 178.

zu 83) ... humana miseria...

1. Aurel. Augustinus, *Contra Iulianum*, IV, 16, 83, *PL* 44, col. 781.
2. *Visio Pauli*, cap. 33, ed. Cl. Carozzi, in *Eschatologie et l'au-delà: Recherches sur l'Apocalypse*, 1994, S. 232.

zu 84) ... quorum dilacerabantur loca genitalia

1. *Visio Wettini*, cap. 4, 8, *PL* 105, coll. 774, 775.

zu 86) Danda est venia humane fragilitati...

1. Hugo von St. Viktor, *Exegetica in Scripturam sacr.*, VII, *PL* 175, col. 40.

zu 87) ... in tabellis (tabellae/tabulae)

1. *Carmina Burana*, ed. B. Bischoff, Nr. 216, München, 1979, S. 634.
2. *Visio Godeschalci*, cap. 62, ed. E. Assmann, S. 150.
3. *Visio Wettini*, capp. 19–20, *PL* 105, coll. 779–780.
4. S. E. Knopp, *The Figure of the Narrator in Medieval Romance and Dream Vision*, Diss., Los Angeles, 1975.

zu 88) ... quod forte alicui poterit prodesse

1. Otloh von St. Emmeram, *Liber Visionum*, V, *PL* 146, col. 359.
2. *Visio Godeschalci*, cap. 65,5, ed. E. Assmann, S. 165.

zu 90) ... ne discutietur meritum videndi, sed vivendi

1. Reiner von Lüttich, *De ineptiis*, II, *MGH SS* XX, S. 602.
2. Gregorius I., *Lib. Dialog.* I, xii, *PL* 77, col. 213.
3. Reiner von Lüttich, *Libr. Lacrym.*, II, iv, *PL* 204, col. 169.

Anmerkungenen zum Appendix „visitatio angelica" und „refrigerium"

1. „... *pater Abraham misere mei et mitte Lazarum ut intinguat extremum digiti sui in aqua ut refrigeret linguam meam quia crucior in hac flamma"* (Luc. **16**, 22–24).
2. *Visio Pauli*, cap. 44.2, in: C. Carozzi, *Eschatologie et l'au-delà: Recherches sur l'Apocalypse*, 1994, S. 250.
3. „Netherworld", *Encyclopaedia Judaica*, vol. 12, 1973, coll. 997–978.
4. *St. Bonifatii et Lulli Epistolae*, 10, *MGH* Epistolae, I, S. 254.

5. Honor. von Autun (Augustodunensis), *Elucidarium*, III, iii, **PL** 172, coll. 1158–1159.
6. Otloh von St. Emmeram, *Liber Visionum*, XIV, **PL** 146, coll. 368–369.
7. *Navigatio St. Brendani abbatis*, ed. C. Selmer, cap. 25, S. 67. Von diesem Werk existierte eine Handschrift aus dem 11. Jhd., die im Kloster von St. Laurentius angefertigt wurde und die zweifellos im 12. Jhd. zu seinen Bibliotheksbeständen gehörte.

Abkürzungen

AASS   Acta Sanctorum, ed. Godefr. Henschenius et al., Paris, Rom, 1643–1925

CSEL   Corpus Scriptorum Ecclesiasticorum Latinorum, Wien, Turnholt, 1991 ff.

DA   Deutsches Archiv für die Erforschung des Mittelalters, Münster, 1937 ff.

Gessler   Jean Gessler, ‚La bibliothèque de l'abbaye de Saint-Laurentà Liège au XIIe et au XIIIe siècle', in: *Bulletin de la Société des bibliophiles liégeois*, 12, 1927, II/102, pp. 91–135

PG   Patrologiae cursus completus, series graeca, ed. J.-P. Migne, Paris, 1857 ff.

PL   Patrologiae cursus completus, series latina, ed. J.-P. Migne, Paris, 1844 ff.

RCA   Reallexikon für Antike und Christentum, ed. E. Dassmann, Bd. 1–16, Stuttgart, 1994

RB   Révue Bénédictine, Maredsous, 1884 ff. Thesaurus Thesaurus Anecdotorum Novissimus, ed. B. Pezius, vol. IV, pars iii, coll. 5–12, Augsburg, 1722

TRE   Theologische Realenzyklopädie, Hrsg. G. Krause und G. Müller, Berlin, 1977–2002

VDG   J. van den Gheyn SJ (ed.), *Manuscrits de la Bibliothèque Royale*, vol. V, Brüssel, 1905

WDG   Würzburger Diözesangeschichtsblätter, Würzburg, 1948 ff.

Bibliografie

Die herangezogenen Visionstexte

1. *Visio Alberici,* ed. und übers. P. G. Schmidt, Stuttgart, 1997(Anf. 12. Jhd.).

2. *Visio Baronti, monachi Longoretensis*, ed. W. Levison, *MGH* SS rer. Merov. V, Hannover, 1910, S. 368–394 (2. Hälfte 7. Jhd.).

3. *Visio Drythelmi*, in Beda Venerabilis, *Hist. eccl. gentis Angl.*, V, 12, edd. B. Colgrave/R. A. B. Mynors, Oxford, 1963, 5th repr. 1991, S. 488–498 (Ende 7. Jhd.).

4. *Visio monachi de* Eynsham, auct. Adam, S. Hugonis capellanus, ed. H. Thurston, in *Analecta Bollandiana* XXII, Brüssel, 1903, S. 236–319 (Ende 12. Jhd.).

5. *Vita sancti Fursei*, ed. W. W. Heist, in *Vitae Sanctorum Hibernae*, Brüssel, 1965, S. 36–49. *Visio Fursei*, in Beda Venerabilis, *op. cit.*, III, 19, S. 268–274 (1. Hälfte 7. Jhd.).

6. *Godeschalcus* und *Visio Godeschalci*, ed. und übers. E. Assmann, Neumünster, 1979 (Ende 12. Jhd.).

7. *Visio Gunthelmi*, in Helinand de Froidmont, *Chronicon, anno 1161, PL* 212, coll. 1060–1063 (2. Hälfte 12. Jhd.).

8. *Joannis mon. S. Laurentii Leodiensis visio status animarum post mortem, PL* 180, coll. 177–186 (Mitte 12. Jhd.).

9. *Vita et visio et finis simplicis Orm,* auct. Sigaro presb., ed. H. Farmer OSB, in *Analecta Bollandiana* LXVII, Brüssel, 1957, S. 72–82 (1. Hälfte 12. Jhd.).

10. Henr. Salteriensis, *Tractatus de Purgatorio de St. Patricii (VisioOwe[i]n), PL* 180, coll. 989–1004 (2. Hälfte 12. Jhd.).

11. *Visio Sancti Pauli Apostoli,* ed. Cl. Carozzi, in *Eschatologie et au-delà,* Aix-en-Provence, 1994, S. 186–262 (2./3. Jhd.).

12. *Visio Tnugdali/Tundali*, auct. Marco mon., ed. A. Wagner, Erlangen, 1882 (1. Hälfte 12. Jhd.).

13. *Visio monachi Wenlocensis*, in *S. Bonitafatii et Lulli Epistolae, 10,* ed. E. Dümmler, *MGH Epistolae Merov. et Karoli Aevi, I,* Berlin, 1891, repr. Berlin, 1957, S. 252–257 (Anf. 8. Jhd.).

14. *Visio Wettini (Guetini)*, auct. Hatto/Heito, episc. Basileensis, *PL* 105, coll. 771–780 (1. Hälfte 9. Jhd.).

Quellen

AASS, Aug. II [10.8.], „Laurentius", ed. J. Pinius, Antwerpen, 1735, repr. Brüssel, 1970, S. 483–532.

AASS, Sept. VI [22.9.], „Mauritius", ed. J. Cleus, Antwerpen, 1757, repr. Brüssel, 1970, S. 308–403.

Annales Sancti Jacobi Leodiensis, ed. W. Wattenbach, *MGH* SS XVI, Hannover, 1859, repr. Stuttgart, 1963, S. 635 ff.

Anselmus, *Gesta episcoporum Leodiensium*, ed. R. Koepke, *MGH* SS VII, cap. 62, 63, Hannover, 1846, repr. Stuttgart, 1963, S. 226–227.

Athanasii Vita Antonii abbatis, *PG* 40, col. 1097.

Augustinus ep. Hippon., *Index Figurarum*, XLVIII, i: „Figurae quae Christum praesignant", *PL* 37, col. 1126. id., *De civitate Dei*, XXI, x, 2, *PL* 41, col. 725. id., *Enchiridion*, I, lxix-lxxiii, *PL* 34, coll. 265–272. id., *De genesi contra Manichaeos*, I, 23, ibid., coll. 190–193.

Aurelii Prudentii Clementis Carmina, recens. Joh. Bergmann, *CSEL* LXI, Wien, 1926, repr. 1979, „Laurentius", S. 296–317.

Beda Venerabilis, *Opera omnia, De minutione sanguinis sive De Phlebotomia, PL* 90, coll. 959–962. id., *In Lucae Evangelium Expositio*, Lib. IV, xiv, *PL* 92, col. 471.

Benedicti Regula, *CSEL* 75, ed. R. Hanslink, Wien, 1960.

Bernhard von Clairvaux, *Sermones de Diversis*, CVIII, „Sermo de spirituali minutione sanguinis", *PL* 183, coll. 734–735.

Carmina Burana, edd. B. Bischoff, A. Hilka, O. Schumann, München, 1979, 5th ed., 1991.

Catalogue des manuscripts en écriture latine, edd. Ch. Samaran/ R. Marichal, tom. I, Paris, 1954.

Catalogus Codicum Hagiographicorum Biblothecae Regiae Bruxellensis, tom. II, ed. Hagiographi Bollandiani, Brüssel, 1899.

Catalogus librorum manuscriptorum Bibliothecae Corsendoncanae, ed. Joh. Hoyberg, publ. A. Sanderus, *Bibliotheca Belgica Manuscripta*, tom. II, Brüssel, 1644, S. 46–71; tom. III, p. 58.

M. Tulli Ciceronis Scripta quae manserunt omnia, ‚De somnio Scipionis', in: *De re publica*, ed. K. Ziegler, cap. 17, S. 130; cap. 18, S. 131–132, Leipzig, 1964.

Corpus consuetudinum monasticarum, Hrs. K. Hallinger, Siegburg, 1963.

Eraclius episcop. Leodiensis, *Relatio miraculi St. Martini, PL* 135, coll. 947–948.

Eucherii episcop. Lugdun. Passio Acaunensium Martyrum, *MGH* SS rer. Merov., ed. B. Krusch, vol. 3, Hannover, 1906, S. 32 ff.

Evagrii monachi spirituales Sententiae, vi, *PG* 40, coll. 1182–1183.

Gerardi Vita Sancti Oudalrici, ed. G. Waitz, *MGH* SS IV, Hannover, 1841, repr. Stuttgart, 1963, S. 377–425.

Gregorius I., *Dialogorum Libri quattuor*, *PL* 77, coll. 149–430. id., *Moralia in Job*, *PL* 76, coll. 993, 1038.

Gregorius von Tours, *Historia Francorum*, X, xxxi, *PL* 71, col. 571.

Guerrici abbatis Igniac. Sermones per annum, *Sermo* I, *PL* 189, col. 99.

Guibert von Nogent, *De pignoribus Sanctorum*, IV, iv-viii, *PL* 156, coll. 673–680.

Herbertus Claraevallis, *De miraculis libri tres*, *PL* 185, coll. 1273–1384.

Hieronymus, *Epistola* 65, 14, *CSEL* 54, ed. I. Hilberg, Wien, 1990, S. 604; id., *In Isaiam* XVIII, xlvi, *PL* 24, col. 676.

Honorius von Autun (Augustodunensis), *Gemma animae sive De divinis officiis*, Lib. I, ccxviii, „Item de virga et baculo episcopi", *PL* 172, col. 610. id., *Elucidarium*, Lib., I, ix, ibid., col. 1115; Lib. II, xxviii, ibid., col. 1154; Lib. III, xx, ibid., col. 1173. id., *De imagine mundi*, Lib. I, lxxx, ibid., col. 140; ibid., lxxxiv, ibid., col. 141; ibid., cxxxviii–cxl, ibid., col. 146.

Hugo von St. Viktor, *De Sacramentis*, I, viii, *PL* 176, coll. 305–306; II, xvi, ibid., coll. 579–596.

Isidor von Sevilla, *Etymologiarum Lib.*, III, xxxii-xxxiii, *PL* 82, col. 171. id., *Sententiarum Lib.*, III, viii, *PL* 83, coll. 679–680.

Jacobus de Voragine, *Legenda aurea*, ed. Th. Graesse, „St. Martinus", Dresden, 1846, S. 742.

Lombardus, Coelest., *Bibliotheca Laurentianae Specimen*, s. l., 1722.

Ludovicus sen. (d. Ä.), *Translatio reliquiarum beati Laurentii*, ed. W. Arndt, *MGH* SS XX, Hannover, 1868, repr. Stuttgt. 1963, S. 579–582.

Macrobius' Commentary on the Dream of Scipio, transl. W. H. Stahl, New York, 1952, repr. 1966.

Manuscrits datés conservés en Belgique, edd. F. Masai et M. Wittek, Brüssel: tom. II, 1401–1440, 1972; tom. III, 1441–1460, 1978; tom. IV, 1461–1480, 1982.

Marbod von Rennes, *Passio S. Mauritii et sociorum ejus*, *PL* 171, coll. 1625–1630; id., *Vita Sancti Licini*, II, 10, ibid., col. 1438.

Martène, E. et Durand, U., *Veterum Scriptorum Amplissima Collectio*, tom. IV, Paris, 1729.

Monumenta Liturgica, *Ordo Baptismatis*, *PL* 138, col. 951.

Navigatio Sancti Brendani abbatis, ed. C. Selmer, Notre Dame, Indiana, 1959.

Otloh von St. Emmeram, *Liber Visionum*, *PL* 146, coll. 342–388.

Petrus Damiani, *De variis miraculosis narrationibus*, **PL** 145, coll. 571–590. id.,*Opuscula varia, De perfectione monachorum*, **PL** 145, „*Institutio monalis"*, cap. viii, coll. 303–304; cap. xiii, coll. 745–746.

Petrus de Honestis cleric. Ravennatis, *Regula clericorum* II, **PL** 163, coll. 691–748.

Petrus Lombardus, *Sententiarum Libri quattuor*, **PL** 192: Lib. II, *Distinct.* II, 6, col. 656; *Distinct.* XLV, 1–5, coll. 948–950; *Dinstinct.* XLVI, 1, col. 951.

Petrus Venerabilis, *De Miraculis Libri*, I, **PL** 189, coll. 851–908.

Plato, *The Republic*, with an Engl. transl. by Paul Shorey, London, 1980, vol. VI, Book X, xiii, S. 490–521.

Powell, J.G.F., *On Friendship and the Dream of Scipio*, Warminster, 1990.

Reineri monachi Sancti Laurentii Leodiensis *Opera historica*, ed. W. Arndt, *MGH* SS XX, Hannover, 1868, repr. Stuttgt.,1963. id., *Vita Evracli*, ibid., cap. 7, S. 563. id., *Vita Wolbodonis*, ibid., S. 565–572. id., *De adventu reliquiarum beati Laurentii martyris in Leodium ab urbe Roma*, ed. W. Wattenbach, ibid., S. 579–582. id., *De ineptiis cuiusdam idiotae libellus ad amicum*, ibid., S. 593–603; *Continuatio Reineri*, ibid., S. 579 ff. id., *Palmarium virginale seu De Vita et Passione Sanct. Mariae Virg. Cappadocis Libri*, II, **PL** 204, coll. 61–70.

Richardi Sancti Victoris Exegetica in Apocalypsim, Lib. II, **PL** 196, col. 757.

Rufinus, *Historia monachorum*, II, **PL** 21, col. 406.

Rupert von Deutz, *Chronicon Sancti Laurentii Leodiensis*, ed. W. Wattenbach, *MGH* SS VIII, Hannover, 1848, repr. Stuttgart, 1963, S. 261–279. id., *De Divinis Officiis Libr.*, XII, **PL** 170, coll. 9–332. id., *De Trinitate et Operibus ejus Libr.*; *In iudic.* Lib. I, xiv, **PL** 167, col. 1042; xxv, coll. 1054–1055. id., *De Victoria Verbi Dei Lib.*, I, viii, **PL** 170, coll. 1223–1225; ibid., xvi, ibid., col. 1230. id., *Altercatio monachi et clerici*, **PL** 170, coll. 537–542. id., *De vita vere apostolica*, Lib., III, vii-viii, ibid., col. 637.

Severus Sulpicius, *Vita S. Martini*, recens. C. Halm, *CSEL* 1, Wien, 1866, cap. 3, S. 113; cap. 4, S. 114.

Sigbert von Gembloux, *Passio Sanctorum Thebaeorum*, ed. E. Dümmler, Berlin, 1893.

Tertullian, *De anima*, lv, **PL** 2, col. 725; lvi, col. 726; id., *Adversus Marcionem*, Lib. V, viii, ibid., coll. 490–491.

Thesaurus Anecdotorum Novissimus, ed. B. Pezius, tom. IV, pars iii, Augsburg, 1722, S. 5–16.

Vergilius, *The Aeneid*, ed., introd. and comment. by J. W. Mackail, Oxford, 1930.

Vita Christiani monachi (Christian de l'Aumône), ed. J. Leclercq, in: *Analecta Bollandiana* 71, Brüssel, 1953, S. 21–52.

Wetherbee, W., *The Cosmographia („De universitate mundi") of Bernardus Silvestris*, transl., introd. and notes, New York, 1990.

Wilhelmus Hirsaugiensis, *Constitutiones Hirsaugienses*, Lib. I, ix, **PL** 150, col. 16; II, coll. 927–1146.

Forschungsliteratur

Amat, J., *Songe et Visions, L'au-delà dans la littérature latine tardive*, Paris, 1985.

Angenendt, A., *Geschichte der Religiosität im Mittelalter*, Darmstadt, 1997.

Archives des Bibliothèques de Belgique, Nr. 1–2; s. l., 1976.

Aubert, H., *Die Musikanschauung des Mittelalters*, Leipzig, 1905.

Balau, S., *Étude critique des sources d'histoire du Pays de Liège au Moyen Âge*, Brüssel, 1902–1903.

Baschet, J. *Les Justices de l'au-delà: Les réprésentations de l'Enfer en France et en Italie (XIIe – XVe siècle)*, Rom, 1993.

Benz, E., *Die Vision – Erfahrungsformen und Bilderwelt*, Stuttgart, 1969.

Berlière, U., ‚Notes sur quelques écrivains de l'abbaye de St.-Laurent de Liège, *RB* 12, 1895, S. 433–443; 480–487 (suite). id., *Monasticon Belge*, tom. II, Lüttich, 1928. id., ‚Le nombre des moines dans les anciens monastères‘, *RB* 41, 1929, S. 230–233; *RB* 42, 1930, S. 32–42. id., ‚L'exercice du ministère paroissial par les moines dans le haut moyen-âge‘, *RB* 39, 1927, S. 227–250. id., ‚L'exercice du ministère paroissial par les moines du XIIe au XVIIe siècle‘, ibid., S. 340–364.

Beumann, H., ‚Laurentius und Mauritius: Zu den missionspolitischen Folgen des Ungarnsieges Ottos des Großen‘, in *Festschrift für Walter Schlesinger*, ed. Beumann, H., Bd. II, Köln, 1974, S. 238–275.

Bibliotheca Hagiographica Latina, ed. Socii Bollandiani, vol. II, Brüssel, 1900–1901, repr. 1949: „Laurentius", S. 708 ff.; „Mauritius", S. 841 ff.

Bibliothèque Royale de Belgique Albert Ier, 150e Anniversaire, edd. A. Raman et P. Cockshaw, Brüssel, 1989.

Bibliographie nationale, publiée par l'Académie royale des sciences, „Jean de Stavelot", tom. X, 1888–1889; coll. 419–421.

Bittner, A., *Wazo und die Schulen von Lüttich*, Breslau, 1879.

Blaise, A., *Lexicon latinitatis medii aevi*, Turnhout, 1975.

Bremond, Cl./LeGoff, J., ‚L'Exemplum‘, in: *Typologie des Sources du Moyen Age Occidental*, Fasc. 40, Turnhout, 1982, S. 39–55.

Bruyne de, D., ‚De la provenance de quelques manuscrits‘, *RB* 46, 1934, S. 107–125.

Calendrier-obituaire de St.-Laurent de Liège, Analecta Bolland. LVIII, Brüssel, 1940, S. 58–78.

Carozzi, Cl., *Eschatologie et l'au-delà: Recherches sur l'Apocalypse,* Aix-en-Provence, 1994. id., ,Le voyage de l'âme dans l'au-delà d'après la littérature latine (V – XIIIe s.)', *Collection de l'École Française de Rome (CEFR)* 189, Rom, 1994.

Chapeaurouge, D. de, *Einführung in die Geschichte der christlichen Symbole,* „Stab"/„Zepter", Darmstadt, 1987, S. 56–57.

Chevalier, U. *Répertoire des sources historiques du Moyen-Âge, Topobibliographie,* Paris, 1894–1903, 1905, 1907.

Compte rendu des séances d'histoire de la commission royale, E. Gadet, ,Rapport trimestriel', tom. XIV, Brüssel, 1848, S. 135–192.

The Dante Encyclopedy, ed. R. Lansing, New York, 2000: „Ages of Life", Ordiway, F. B., S. 8–9.

Daris, J., ,Notices sur l'abbaye de St.-Laurent à Liège', *Bulletin de la Société d'Art et d'Histoire du diocèse de Liège,* tom. II, Lüttich, 1882, S. 105–106, 111, 114. id., Extraits du Cartulaire de Saint-Laurent', *ibid.,* S. 142–241.

Deinhardt, J., ,Patrozinienkunde', *Historisches Jahrbuch* 56, 1936, S. 194–197.

Delisle, L. (ed.), *Histoire générale de Paris; Le cabinet des manuscritures de la Bibliothèque Nationale,* tom. II, Paris, 1874.

Dinzelbacher, P., ,Reflexionen irdischer Sozialstrukturen in mittelalterlichen Jenseitsschilderungen', *Archiv für Kulturgeschichte,* 51, 1979, S. 28. id., *Visionen und Visionsliteratur im Mittelalter,* Stuttgart, 1981; 2. Aufl. Freiburg, 2017.

id., ,Körperliche und seelische Vorbedingungen religiöser Träume und Visionen', in: Gregory, T., *I sogni de Mediaevo,* Rom, 1985, S. 70–73. id., ,Revelationes', *Typologie des Sources du Moyen Âge occidental,* Fasc. 57, Turnhout, 1991.

Dubois, J. D., Lemaître, J.-L., *Sources et méthodes de Hagiographie Médiévale,* „dies natalis", Paris, 1993, S. 147.

Eliade, M., *Mythen, Träume und Mysterien,* Salzburg, 1961.

Engen van, J., ,Rupert von Deutz und das sog. Chronicon Sancti Laurentii Leodiensis', *DA* 35, 1979, S. 32–81. id., *Rupert of Deutz,* Los Angeles, 1983.

Fritzsche, C., *Die lateinischen Visionen des Mittelalters,* Erlangen, 1885.

Gardiner, E., *Visions of Heaven and Hell before Dante,* New York, 1989.

Génicot, L./Tombeur, P./McCormick, M., *Nouveau répertoire des oeuvres Médiolatines belges,* 3e partie, XIIe s., tom. I, M. McCormick, ,Oeuvres hagiographiques', Brüssel, 1977, S. 100–104.

George, Ph., ,Documents inédits sur le trésor de réliques des abbayes Bénédictines de Saint-Laurent et de Saint-Jacques de Liège (XIe – XVIIIe siècles)', *Bulletin Royal de la Commission Royale d'Histoire*, 158, 1992, S. 1–49.

Gheyn van den, J., ‚La bibliothèque du Prieuré de Korssendonk', *Taxandria* 6, No. 4, 1909, S. 201–213.

Gobert, Th., ‚Origines des bibliothèques publiques de Liège', *Bulletin de l'Institut archéologique liégeois*, 37, 1907, S. 1–97.

Grunebaum, G. E. von/Caillois, R. (edd.), *The Dream and Human Societies*, Los Angeles, 1966.

Guy, P. M., ‚Le vocabulaire liturgique latin', *La léxicographie du Latin Médiéval et ses rapports avec les recherches actuelles sur la Civilisation du Moyen Âge*, Paris, 1981, S. 301.

Hammerstein, R., *Die Musik der Engel*, Bern, 1990.

Hawel, P., *Das Mönchtum im Abendland*, Freiburg i. Br., 1993.

Helbig, J., ‚Les peintres bénédictins de l'abbaye de St.-Laurent', in: *La peinture au pays de Liège et sur les bords de la Meuse*, ed. 2nde, Lüttich, 1903, S. 69–89.

Hill, Ch. E., *Regnum Caelorum: Patterns of Future Hope in Early Christianity*, Oxford, 1992.

Initia Operum Scriptorum Latinorum Medii potissimum Aevi, B. Hauréau (ed.), vol. III, Turnhout, 1973; vol. VII, Append. I, 1974.

Illmer, D., ‚Formen der Erziehung und Wissensvermittlung im frühen Mittelalter', *Münchener Beiträge zur Mediävistik und Renaissanceforschung*, Bd. 7, München, 1971.

Jacquart, D., ‚The Introduction of Arabic Medicine into the West – The Question of Etiology', in: Campbell, S. (ed.), *Health, Disease and Healing in Medieval Culture*, Toronto, 1992, S. 186–193.

Knopp, S. E., *The Figure of the Narrator in medieval Romance and Dream Vision*, Diss., Los Angeles, 1975.

Kottje, R., ‚Klosterbibliotheken und monastische Kultur', *Zeitschrift für Kirchengeschichte* 80, 1969, S. 152–162.

Kristeller, P., ‚The School of Salerno', in: *Studies in Renaissance Thought and Letters*, Rom, 1956, S. 495–552.

Kurth, G., *La cité de Liège au moyen âge*, tom. I, Lüttich, 1909.

Leclercq, J., ‚On monastic priesthood', *Studia monastica* 3, 1961, S. 137–155. id., ‚Caelestis fistula', in: Fromm, H./Harms, W./Ruhberg, U. (edd.), *Verbum et Signum*, Bd. 1, München, 1975, S. 59–68.

Le Goff, J., *La naissance du Purgatoire*, Paris, 1981.

Lejeune, R. (ed.), *Saint-Laurent de Liège, abbaye et hôpital militaire; mille ans d'histoire*, Lüttich, 1968.

Lejeune, J., ‚A propos de l'Art mosan et les Ivoires liégeois', in: *Anciens Pays et Assemblées d'États*, tom. VIII, Lüttich, 1955, S. 126–149.

Lemaire, C./Debae, M., *Bibliothèque Royale, Mémorial 1559–1969*, Brüssel, 1969.

Lesire, J., *La ferme abbatiale de Glons*, Löwen, 1929.

Lesne, E., *Histoire de la propriété écclésiastique en France*, ‚Les écoles de la fin du VIIIe à la fin du XIIIe s.', Lille, 1943, S. 91–94.

Lexicon Latinitatis Nederlandicae Medii Aevi, ed. Fuchs, H./Weijes, O., „nutrire", vol. V, Leiden, 1994, S. 329.

Maître, L., *Les écoles de Liège aux XIe et XIIe siècles*, Paris, 1967.

Maurmann, B., *Die Himmelsrichtungen im Weltbild des Mittelalters: Hildegard von Bingen, Honorius Augustodunensis und andere Autoren*, München, 1976.

McDannell, C./Lang, B., *Heaven – A History*, New Haven and London, 1988.

Michel, E., *Les abbayes et monastères de Belgique*, Brüssel, 1923.

Monasticon Windeshemense, I (ed. E. Persoons), Brüssel, 1976, S. 75.

Nobis, H., ‚Zeitmass und Kosmos im Mittelalter', in: Zimmermann, H. (ed.), *Maß, Zahl und Zahlensymbolik im Mittelalter*, Miscellanea Mediaevalia, Bd. 16/2, Berlin, 1984, S. 261–275.

Peden, A., ‚Macrobius and Medieval Dream Literature', *Medium Aevum* 54, 1985, S. 59 ff.

Pepin, J., ‚Harmonie der Sphären', *Realenzyklopädie für Antike und Christentum* 13, 1986, S. 593–618.

Pertz, G., *Archiv der Gesellschaft für ältere deutsche Geschichtskunde*, Bd. VIII, „Liège", Leipzig, 1824, S. 477–481.

Poulle, E., ‚Les sources astronomiques', *Typologie des Sources du Moyen Âge occidental*, Fasc. 39, Turnhout, 1981.

Prims, F., ‚Onze-Lieve-Vrow – Priorij te Korsendonk', in: *Campania Sacra* 7, Antwerpen, 1947.

Réau, L., *Iconographie de l'Art Chrétien*, tom. II, Iconographie de la Bible I, Ancien Testament, Paris, 1956.

Reinhard, H., ‚Études sur les Églises-Porches Carolingiennes et leur Survivance dans l'Art Roman', *Bulletin monumental* 96, 1937, S. 433.

Renardy, Ch., *Le monde des maîtres universitaires du diocèse de Liège 1140–1350*, Lüttich, 1981. id., ‚Le terme magister au point de vue sémantique et institutionnel', ibid., S. 80–86. id., ‚Un problème de terminologie: magister scolarum ou scolasticus', ibid., S. 87–89.

Riché, P., ‚L'enfant dans la société monastique au XIIe siècle', in: *Pierre Abélard et Pierre le Vénérable; Les courants philosophiques, littéraires et artistiques* (Actes du Congrès de Paris), Paris, 1975, S. 695, note 24.

Rivet, Dom, *Histoire littéraire de la France*, tom. XII, Paris, 1763.

Röckelein, H., *Otloh, Gottschalk, Tnugdal: Individuelle und kollektive Visionsmuster des Hochmittelalters*, Frankfurt/Main, 1987.

Rosenberg, A., *Engel und Dämonen*, München, 1967, repr. 1986.

Rüegg, A., *Die Jenseitsvorstellungen vor Dante*, Einsiedeln/Köln, 1945.

Ruh, K., *Geschichte der abendländischen Mystik*, Bd. I, ‚Hugo von St. Viktor', München, 1990, S. 355–368.

Sanderus, A., *Bibliotheca Belgica Manuscripta*, tom. II, Brüssel, 1644.

Schmitt, J.-Cl., ‚Rêver au XIIe siècle', in: *Typologie des Sources du Moyen Âge occidental*, Fasc. 57, Turnhout, 1991.

Schramm, P. E. (Hrsg.), *Herrschaftszeichen und Staatssymbolik*, Bd. III, Stuttgart, 1956, S. 791–792.

Sears, E., *The Ages of Man – Medieval Interpretations of the Life Cycle*, Princeton, 1986.

Silvestre, H., ‚Renier de Saint-Laurent et le déclin des écoles liégeoises au XIIe s.', *Annales du 23e congrès de la fédération archéologique histoire de Belgique*, Tournai, 1949, S. 1–12. id., ‚Notice sommaire sur Renier de Saint-Laurent', *Le Moyen Âge* 71, 965, S. 5–16.

id., *Le chronicon Sancti Laurentii Leodiensis dit Rupert de Deutz*, Löwen, 1952.

Simek, R., *Erde und Kosmos im Mittelalter, das Weltbild vor Columbus*, München, 1992.

Stiennon, J., *L'abbaye de Saint-Jacques de Liège*, Paris, 1951.

Süntrup, R., *Die Bedeutung liturgischer Gebärden im Mittelalter, 9. – 13. Jahrhundert*, München, 1978.

Thompson, St., *Motive-Index of Folk-Literature*, 6 Bände, Kopenhagen, 1955–1958.

Tubach, F. C., *Index Exemplorum*, Helsinki, 1969.

Trost, V., *Skriptorium*, Stuttgart, 1991.

Vandenbroucke, F., ‚La lectio divina du XIe au XIVe siècles', *Studia monastica* 8, 1966, S. 267–293.

Varry, D., *Histoire des bibliothèques françaises; Les bibliothèques de la Révolution et du XIXe siècle, 1789–1914*, Paris, 1991.

Vercauteren, F., ‚Notes sur les origins de St.-Laurent de Liège', in: Lejeune, R. (ed.), *op. cit.*, S. 15–21.

Vorgrimler, H., *Geschichte der Hölle*, München, 1993.

Wagner, F., ‚Mene, mene, tekel upharsin; Bemerkungen zum Motiv der Seelenwägung', in: *Psyche, Seele, anima*, Festschrift für Karin Alt, Stuttgart, 1998, S. 369–382.

Welter, J.-Th., *L'Exemplum dans la littérature religieuse et didactique du Moyen Âge*, Paris, 1927, repr. Genf, 1973.

Wittek, M., *Le cabinet des manuscrits de la Bibliothèque Royale de Belgique*, Brüssel, 1969.

Zaleski, C. G., *Otherworld Journeys: Accounts of near-death experience in medieval and modern times*, New York, 1987, Introduction, S. 3–94.

Zimmermann, G., ‚Patrozinienwahl und Frömmigkeitswandel‘, *WDGB* 20, 1958, S. 24–126. id., ‚Patrozinienkunde‘, *WDGB* 21, 1959, S. 102–111. id., ‚Ordensleben und Lebensstandard‘, *Beiträge zur Geschichte des alten Mönchtums und Benediktinerordens*, 32, Münster, 1973, S. 126–129; S. 420–427.

Beihefte zur Mediaevistik
Monographien, Editionen, Sammelbände

Herausgegeben von Peter Dinzelbacher und Romedio Schmitz-Esser

www.peterlang.com

www.ingramcontent.com/pod-product-compliance
Lightning Source LLC
Chambersburg PA
CBHW030309100426
42812CB00002B/628